Hotel and Casino
기본 회화

강덕윤 · 고동완 · 이정욱 공저

백산출판사

Contents

Chapter 3 Hotel Situation (Food and Beverage Department Situation)

Lesson 2 Group reservation

A : Travel agency staff
G : Guest

<Telephone situation>

A Hello this is ○○○ travel agency. What can I do for you?

G Hello. This is LEE. Actually I'm calling for making reservation for a group tour.

A Where do you want to travel sir?

G we will go to Jeju Island for 3 nights. Please make me travel quotation.

A Ok. I will make for you. How many people wish to travel?

G From 2nd of August to 5th of August, 20 people will travel to Jeju Island.

A Um.......... : actually those days are peak season so travel price will be expensive comparing to other date.

G That's fine for us. Please make us travel quotation.

A Ok. Which place of airport are you going to use? And what kind of hotels do you want?

G We want to get on the plane in Busan airport and we wish to stay 5 stars hotel.

A would you like to include a bus and guide tour?

G Yes, we want to include the bus and tour guide.

A Ok please wait a moment.

A Thank you for waiting. Please give me your e-mail address. I will send travel quotation to you.

G My email address is ○○○○○@○○○○.com.

A I will check again sir. Your e-mail address is ○○○○○@○○○○.com right?

G Yes that's correct.

A Ok I will send in 5 minutes.

G Thank you.

A My pleasure.

Lesson 2 단체 그룹 예약

- A : 여행사 직원
- G : 손님

<전화 예약 상황>

A 안녕하세요. ○○○ 여행사입니다. 무엇을 도와 드릴까요?

G 안녕하세요. Lee라고 합니다. 단체 여행 예약을 하고 싶어서 전화했습니다.

A 어느 지역을 여행할 예정이시죠?

G 네. 제주도 3박 4일 여행할 예정입니다. 견적서 좀 만들어 주세요.

A 네 알겠습니다. 언제, 몇 분이서 여행을 할 예정입니까?

G 저를 포함해서 20명이고 8월 2일부터 8월 5일까지 여행할 예정입니다.

A 음……. 8월 2일부터 8월 5일까지는 성수기여서 가격이 높게 측정이 됩니다. 알아봐 드릴까요?

G 네 괜찮습니다. 알아봐 주세요.

A 네 알겠습니다. 출발지는 어디시고 호텔은 몇 성급을 원하시나요?

G 네 출발은 부산에서 할 예정이고 저희는 특 1급 호텔에서 머무를 예정입니다.

A 버스 서비스와 가이드 투어를 함께 하실 예정이십니까?

B 네 버스투어와 가이드 서비스를 같이 할 예정입니다.

A 네 알겠습니다. 잠시만 기다려 주세요.

A 기다려 주셔서 감사합니다. 견적서 보내드리겠습니다. 이메일 주소 좀 알려 주시겠어요?

G 이메일 주소는 ○○○○○@○○○○.com입니다.

A 다시 한 번 확인 하겠습니다. 이메일 주소는 ○○○○○@○○○○.com입니다. 맞으십니까?

G 네 맞습니다.

A 알겠습니다. 5분 안에 보내 드리겠습니다.

A 감사합니다.

B 천만에요.

Lesson 3 Group tour check-in situation

- A : Airline staff
- G : Tour guide
- T : Tour group

G Hello this is ○○○ who is guide for Swiss travel.

T Hello.

G Firstly we need to check-in the airplane please give me your passport or identification.

After collecting tour group's passport and identification

G Please wait here.

A Hello

G Hello. I'm ○○○ who is guide of ○○○ tour. Here are 20 tour group's passports and identifications and here is my passport. Please check-in for the flight.

A Ok please wait little bit.

⋮

A Thank you for waiting. Here are 21 boarding tickets, passports and identifications. Enjoy your trip.

G Thank you.

Lesson 3 단체 손님 출국 체크인

- A : 항공사 직원
- G : 투어 가이드
- T : 손님

G 안녕하세요. 이번 제주도 여행 인솔자 ○○○입니다.

T 안녕하세요.

G 우선 항공권 체크인을 해야 하니 여권이나 주민등록증 부탁드리겠습니다.

여권 또는 주민등록증을 걷은 후

G 잠시만 여기서 기다려 주세요.

A 안녕하세요.

G 안녕하세요. ○○ 투어 ○○○입니다. 여기 손님 20분의 여권과 주민등록증 그리고 제 여권이 있습니다. 티켓팅 해주세요.

A 네 잠시만 기다려 주세요.

⋮

A 기다려 주셔서 감사합니다. 제주도로 가는 21분 비행기 티켓과 여권 그리고 주민등록증입니다. 즐거운 여행 되세요.

G 네 감사합니다.

Lesson 4 Airplane check-in from e-ticket

- A : Airplane staff
- G : Guest

A Hello! What can I do for you?

G Hello. I want to check-in for Singapore airline to Singapore. I have my e-ticket.

A Give me your passport and e-ticket please.

G Here is my passport and e-ticket.

A Thank you very much.

A Would you prefer an aisle or window seat?

G An aisle seat please.

A Ok please wait.

⋮

A Your reservation is confirmed. Are you just checking this luggage?

G Yes, I will take another luggage as my carry-on.

A Super. Here is your boarding pass and passport.

G Thank you.

A Have a nice flight.

Lesson 4 인터넷 항공권을 통한 항공 체크인

◦ A : 항공사 직원
◦ G : 손님

A 안녕하세요. 무엇을 도와 드릴까요?

G 안녕하세요. 싱가포르로 가는 싱가포르 에어라인 티켓 체크인을 하려고 합니다. 여기 인터넷 티켓 있습니다.

A 여권과 인터넷 티켓 부탁드리겠습니다.

G 여기 인터넷 티켓과 여권 있습니다.

A 감사합니다.

A 좌석은 창가와 통로방향 중 어디를 배정해 드릴까요?

G 통로 쪽 부탁드리겠습니다.

A 네 알겠습니다. 잠시만 기다려 주세요.

⋮

A 예약이 완료되었습니다. 붙이실 가방은 이거 하나인가요?

G 네 나머지 가방은 제가 들고 비행기 탑승하겠습니다.

A 네 알겠습니다. 여기 탑승권과 여권 있습니다.

G 네 감사합니다.

A 즐거운 여행 되세요.

Lesson 5 Boarding

C : Cabin crew

C Hello. Thank you for using our airline.

C We will be start boarding at gate 8. If you are the elderly, pregnant women and passengers with small children, please come to the gate 8 with a boarding pass.

⋮

After 5 minutes.

C Now we are going to start pre-boarding. Please come to gate 8.

C Please show me your boarding pass.

Lesson 5 비행기 탑승

◦ C : 승무원

C 안녕하십니까? 저의 항공을 이용해 주셔서 감사합니다.

C 지금부터 게이트 8에서 노약자, 임산부 또는 어린이를 동반한 손님부터 보딩을 하겠습니다.

⋮

5분 후

C 지금부터 보딩을 시작하겠습니다. 8번 게이트로 와주세요.

C 탑승권을 보여 주십시오.

Lesson 6 To get on the airplane

- C : Cabin crew
- P : Passenger

C Hello! Welcome aboard

P Hello! Where is seat number 45C?

C Your seat is at the back of the Cabin.

P Thank you very much.

C My pleasure.

Lesson 6 비행기 탑승

- C : 승무원
- P : 손님

C 안녕하세요. 저희 비행기를 탑승해 주셔서 감사합니다.

P 안녕하세요. 좌석 45C는 어디에 있나요?

C 손님의 좌석은 선실 끝 쪽에 있습니다.

P 감사합니다.

C 천만에요.

Lesson 7 Duty free shop situation

- D : Duty free shop staff
- G : Guest

D Hello here is ○○○ duty free shop. Can I help you?

G Actually I wish to buy a carton of cigarette.

D What brand of cigarette do you want sir/madam?

G I want to buy ○○○ cigarette. How much is it?

D One carton of cigarette is 20 US dollar.

G Ok I will buy 2 cartons of ○○○ cigarette.

D Can I see your flight ticket please?

G Here is my plane ticket.

D Um.......... you are going to Swiss right?

G Yes I'm going to Swiss

D Swiss only accepts 1 carton of cigarette. Actually you can buy 2 carton of cigarette here but we cannot guaranty. You should buy 1 carton.

G Ok I will buy 1 carton of cigarette. Here is $20.

D Thank you very much. Here is your one carton.

G Thank you.

D Thank you for using our duty free shop.

Lesson 7 면세점 손님 상품 구매

- D : 면세점 직원
- G : 손님

D 안녕하세요 ○○○ 면세점입니다. 무엇을 도와 드릴까요?

G 담배를 사고 싶어서 왔습니다.

D 어떤 브렌드의 담배를 원하시나요?

G 저는 ○○○ 브랜드 담배를 사기를 원해요? 1보루에 얼마죠?

D 한 보루에 20 미국 달러입니다.

G 네. 2보루 주세요.

D 비행기 탑승권 좀 보여 주시겠습니까?

G 여기 비행기 탑승권 있습니다.

D 음……. 스위스로 가시는 건가요?

G 네 스위스로 갈 예정입니다.

D 스위스에서는 담배 한 보루 밖에 허용을 안 합니다. 여기서 두 보루를 사실 수는 있는데 저희가 보증은 못해 드립니다.

G 아 네. 그러면 한 보루만 주세요. 여기 $20 있습니다.

D 감사합니다. 여기 담배 한 보루 있습니다.

G 감사합니다.

D 저희 ○○○ 면세점을 이용해 주셔서 감사합니다.

Lesson 8 Fitness center situation (Swimming pool)

- C : Customer
- S : Server

S Good morning. May I help you?

G I wish to use swimming pool. Is it possible for my sons to use? They are only 7 years old.

S No problem. Our policy is "No children under the age of 10 must be accompanied by an adult."

G Oh! Super. How much does it cost?

S The swimming-pool admission is 10,000 won per person. Please keep in mind that you must wear a swimsuit and a swimming cap in the pool.

G Where can I rent the swimming cap?

S We have the swimming caps for sales only.

G Ok I got it. I will buy one. Also I wish to know how much does it cost for children.

S The cost is 5,000 won for children. That's special price.

G Thank you very much. I will pay 20,000 won, 10,000 won for me and 2 times 5,000 won for my sons. Is it ok?

S Yes everything is correct. Thank you for using our ○○○ swimming pool.

Lesson 8 휘트니스 센터 시추에이션 (수영장)

- C : 손님
- S : 웨이터

S 안녕하십니까? 무엇을 도와 드릴까요?

G 수영장을 이용하고 싶은데 저의 아들이 사용할 수 있나요? 7살 밖에 안 됐는데요.

S 저의 정책이 "10살 미만인 어린이는 어른과 반듯이 동행해야만 입장할 수 있습니다." 때문에 별 문제가 없습니다.

G 오 알겠습니다. 수영장 이용하는데 가격은 얼마인가요?

S 한 사람당 10,000원입니다. 수영장에서는 반드시 수영복과 수영모를 착용하셔야 합니다.

G 수영 모자는 어디서 빌릴 수 있나요?

S 저희는 수영 모자를 판매만 하고 있습니다.

G 네, 알겠습니다. 수영 모자 하나 사야겠네요. 한 가지 더 물어 보겠는데 아이들은 수영장 입장하는데 얼마인가요?

S 아이들은 5,000원입니다. 특별요금이 적용됩니다.

G 감사합니다. 20,000원 지불하겠습니다. 10,000원은 제 요금이고 5,000원씩 두 장은 제 아이들 요금입니다.

S 네, 모든 것이 정확합니다. 저희 ○○○ 수영장을 이용해 주셔서 감사합니다.

Lesson 9 Immigration

- T : Traveler
- I : Immigration staff

T Hello

I Hello. May I see your passport please?

T Yes why not. Here is my passport.

I (After checking the passport) How long are you going to stay in US and what is the purpose of your visit?

T I'm going to stay for 4 days and I will see my university friends in Las Vegas.

I OK good. Where are you going to stay in Las Vegas? Are you going to friend's house or other accommodation?

T Actually I will stay Treasure Island hotel in Las Vegas.

I Could you show me your return flight ticket and Treasure Island's reservation E-ticket?

T Yes here is all of them.

I (After checking) Everything is fine. Enjoy your trip.

T Thank you. Bye.

Lesson 9 입국 심사

- T : 여행자
- I : 입국 심사원

T 안녕하세요.

I 안녕하세요. 여권 좀 보여 주시겠어요?

T 네 알겠습니다. 여기 여권 있습니다.

I (여권을 검사한 후) 얼마나 오래 미국에 머무를 예정이신가요? 또 미국을 방문한 목적이 무엇인가요?

T 4일 정도 묶을 예정이며 라스베이거스에서 친구를 만날 예정입니다.

I 알겠습니다. 라스베이거스에서는 어디서 머무를 예정입니까? 친구 집에 머무를 예정인가요? 아니면 다른 숙박 장소가 있나요?

T 저는 라스베이거스에 있는 보물섬 호텔에 머무를 예정입니다.

I 집으로 돌아가는 티켓과 보물섬 호텔이 예약된 E-티켓 좀 보여 주시겠어요?

T 네 여기 있습니다.

I (비행기 티켓과 호텔 E-티켓 체크 후) 모두 괜찮습니다. 즐거운 여행 되세요

T 감사합니다.

Chapter 2

Hotel Situation (Front Office Department)

Lesson 1 Check-in situation

- R : Room clerk
- G : Guest

R Hello madam welcome to ○○○ hotel. What can I do for you?

G I wish to check in.

R Could I get your reservation number and name please?

G The reservation number is 5533380 and my name is Sarah.

R You are American citizen right?

G Yes I'm American.

R Wait a minutes please. (After 2minutes) Thank you for waiting. You are going to stay three nights from today and you are going to use single room. The room number is 1234. Also your room will be assign in Condo 1 that is facing the Mountain View.

G Where is Condo 1?

R Do you see the blue colored building over the window? That is Condo 1

G Where is parking area in Condo 1?

R There are lots of spaces in front of Condo 1.

G Ok. I got it.

R Thank you very much. I wish you have great time with us.

Lesson 1 체크인 시추에이션

- R : 프런트 직원
- G : 손님

R 안녕하세요. ○○○ 호텔에 오신 것을 환영합니다. 무엇을 도와 드릴까요?

G 체크인을 하고 싶습니다.

R 예약번호와 예약자명을 확인할 수 있겠습니까?

G 예약번호는 5533380이고 이름은 사라입니다.

R 미국 국적 맞으시죠?

G 네 미국 사람입니다.

R 잠시만 기다려 주세요. (2분 후에) 기다려 주셔서 감사합니다. 고객님은 오늘부터 3일 머무를 예정이시며 3일 동안 싱글룸을 사용하실 수 있으십니다. 방 번호는 1234입니다. 또한 방 전망은 콘도 1에 있는 마운틴 뷰입니다.

G 콘도 1은 어디에 있나요?

R 창문 너머로 보이는 파란색 건물입니다. 저 건물이 콘도 1입니다.

G 콘도 1의 주차장은 어디인가요?

R 콘도 1 앞에 많은 주차 공간이 있습니다.

G 네 알겠습니다.

R 감사합니다. 저희와 함께 즐거운 시간 보내시길 희망합니다.

Lesson 2 Checking in a guest with reservation

- F : Front Desk Clerk
- G : Guest

F Welcome to ○○○ hotel. How may I assist you?

G Yes. I would like to check-in please.

F Okay, did you make the reservation? And what will be the name under?

G Yes. The reservation is under Jessica Rose.

F One moment please Ms Rose. Yes, I have your reservation under your name and staying with us for 2 nights at a double deluxe room. Is this correct Ms Rose?

G Yes. That's correct.

F In order to check you in, please fill out this registration form and sign here please.

G Okay, Here you are.

F Thank you Ms Rose. Here's your key card and your room number is 1201 which is on 12th floor. Our bellman is happy to assist your luggage. Please call front desk if you have any questions. Enjoy your stay with us Ms. Rose.

Lesson 2 손님과 체크인 시

- F : 프런트 데스크 직원
- G : 손님

F ○○○ 호텔에 오신걸 환영합니다. 어떻게 도와 드릴까요?

G 네. 체크인을 하고 싶습니다.

F 알겠습니다. 예약 하셨습니까? 예약되신 성함은 무엇입니까?

G 네. 예약된 이름은 제시카 로즈입니다.

F 잠시만 기다려 주십시오. 네, 예약이 손님 성함으로 되어 있으며 저희 함께 이틀 동안 더블 딜럭스 방을 예약 하셨습니다. 이것이 맞습니까?

G 네. 정확합니다.

F 체크인을 위해서 숙박등록증을 작성하시고 사인하여 주십시오.

G 네 여기 있습니다.

F 감사합니다. 로즈씨. 방 키가 여기 있으며 방 번호는 1201호입니다. 12층에 위치해 있습니다. 벨맨이 짐 가방을 도와 드리겠습니다. 무슨 문제가 있으시면 프런트 데스크로 연락 주시길 바랍니다. 저희 호텔에서 편안히 묵으십시오. 로즈씨.

Lesson 3 Checking-in with the guest without reservation

- F : Front Desk Clerk
- G : Guest

F Welcome to ○○○ hotel. How can I help you, Sir?

G Yes. Thank you. I want to register.

F Sure, do you have reservation with us?

G No. I do not have reservation. But I would like to register a single room for one night please.

F Okay. I need your name and identification since you are a walk-in guest.

G Here you go.

F The single room for tonight is 250 dollars including tax and it's a lovely room with a view of beach.

G Ok I will take it for tonight.

F Ok. Here is your key and your room number is 2401 which is on 24th floor.

G Thank you for your help.

F My pleasure.

Lesson 3 예약이 없는 손님과 체크인 상황 시

- F : 프런트 직원
- G : 손님

F ○○○ 호텔에 오신걸 환영합니다. 제가 어떻게 도와 드릴까요?

G 네 감사합니다. 등록하고 싶습니다.

F 그러지요. 저희와 예약하셨습니까?

G 아니오. 예약은 없습니다. 그러나 싱글룸에 하루 묵고 싶습니다.

F 알겠습니다. 예약이 없으신 관계로 성함과 신분증이 필요합니다.

G 여기 있습니다.

F 오늘 싱글룸의 가격은 세금을 포함하여 250달러이며 바다 전망이 보이는 아주 좋은 방입니다.

G 알겠습니다. 그렇게 하겠습니다.

F 네, 방 키는 여기 있으며 2401호이고 24층에 위치해 있습니다.

G 도움 주셔서 감사합니다.

F 저의 영광입니다.

Lesson 4 Checking-in for a group of guests

F : Front Desk Clerk
G : Guest

F Can I help you Sir?

G Yes, I'm a tour leader of ○○○ tour group and we have just arrived.

F We've been waiting for your group. Welcome to our hotel. We have arranged 25 rooms for your group.

G Thank you. Can we all check in now?

F Certainly Sir. All 25 rooms are ready at this time. Here are the keys for your group and our bellman will deliver all the bags. Also the breakfast for your group is on the 3rd floor in Mercury room. It will start from 6:30 Am until 10 Am.

G Thank you so much.

F Do you have any questions for me?

G Yes, can I set up a wakeup call for tomorrow?

F Yes Sir, what time would like us to set up?

G How about 6 AM?

F Good, we will arrange your wake up calls for your group at 6 AM.

G Thank you.

F Have a pleasant stay.

Lesson 4 그룹 손님과 체크인 상황

- F : 프런트 직원
- G : 손님

F 손님 제가 무엇을 도와 드릴까요?

G 네 저는 ○○○ 투어그룹의 리더이며 저희는 지금 도착하였습니다.

F 저희가 기다리고 있었습니다. 저희 호텔에 오신걸 환영합니다. 저희가 25개의 방을 다 준비하였습니다.

G 감사합니다. 지금 체크인이 다 가능합니까?

F 당연합니다. 25개의 방은 지금 체크인 가능합니다. 그룹을 위한 키들이 여기 있으며 저희 벨맨들이 가방을 도와 드리겠습니다. 내일 조식은 3층에 위치해 있는 머큐리 방에서 아침 6시 반부터 10시까지 운영할 것입니다.

G 너무 감사합니다.

F 저에게 궁금하신 점은 더 없으십니까?

G 네, 내일 기상시간 콜을 신청해도 되겠습니까?

F 네 손님, 몇 시로 맞춰 드릴까요?

G 아침 6시는 어떻습니까?

F 좋습니다. 내일 아침 6시로 그룹 전원에게 모닝콜을 맞추겠습니다.

G 감사합니다.

G 즐거운 시간 되십시오.

Lesson 5 Check-out situation

R : Room clerk
G : Guest

R Hello Kate. are you going to check out today?

G Yes, I wish to check out now.

R How was our service? Everything was fine?

G Yes I stayed ○○○ hotel with perfect service.

R Thank you. Can I get the room key and inspection sheet?

G Yes why not. Here is the room key and inspection sheet.

R Thank you. Did you stay the room number 554378 and your name is Kate right?

G Yes, everything is collect.

R How would you like to pay? Cash or credit card.

G I wish to pay with credit card.

R (To get the credit card from Kate) please sign after the beep.

G Done.

R Thank you Kate. We are very pleasure for serving you. Please come again.

Lesson 5 체크아웃 시추에이션

- R : 프런트 직원
- G : 손님

R 안녕하세요 케이트. 오늘 퇴실할 예정이신가요?

G 네 저 지금 퇴실할 예정입니다.

R 저희 서비스는 어땠나요? 모든 것이 괜찮았나요?

G 네 제가 ○○○ 호텔에 머무는 동안 최고의 서비스를 받았습니다.

R 감사합니다. 객실 키와 퇴실 점검표를 받을 수 있을까요?

G 물론이죠. 여기 객실 키와 퇴실 점검표가 있습니다.

R 감사합니다. 객실 554378호를 사용하신 케이트 맞으십니까?

G 네 맞습니다.

R 결제는 어떻게 하시겠어요? 현금으로 하시겠습니까? 신용카드로 하시겠습니까?

G 신용카드로 하겠습니다.

(케이트로부터 카드를 받으며)

R 소리가 난 후에 서명을 부탁드립니다.

G 서명했습니다.

R 감사합니다. 케이트양. 우리는 케이트양을 서비스했다는 것에 기쁨을 느끼고 있습니다. 다시 방문해 주시길 바랍니다.

Lesson 6 Checking-out with the guest

- F : Front Desk Clerk
- G : Guest

F Good Morning, are you ready to check out?

G Yes. I would like to check out from room number 1232.

F Okay. You are Mr. Gordon?

G Yes. I am.

F How was your stay Mr. Gordon?

G It was very comfortable. Thank you.

F I am glad to hear that. Mr. Gordon do you need any transportation to your final destination? Shall I call a cab for you?

G I'm fine. I have arranged pick up service already. Thank you.

F Thank you Mr. Gordon and I will look forward to seeing you again.

G Thank you.

F Have a wonderful day.

Lesson 6 손님과 체크아웃 상황

- F : 프런트 직원
- G : 손님

F 안녕하십니까? 체크아웃 하십니까?

G 네 방 번호 1232호에서 체크아웃하고 싶습니다.

F 알겠습니다. 고든씨 이십니까?

G 네. 접니다.

F 고든씨, 저희와의 시간이 어떠셨습니까?

G 많이 편했습니다. 감사합니다.

F 그 말씀에 감사합니다. 고든씨, 마지막까지 가시는 그곳까지 교통수단을 마련해 드릴까요? 택시를 불러 드릴까요?

G 아닙니다. 픽업 서비스를 미리 준비했습니다. 감사합니다.

F 고든씨, 다시 한 번 또 뵙기를 기대합니다.

G 감사합니다.

F 좋은 하루 되십시오.

Lesson 7 Asking to have bill ready upon check-out

- F : Front Desk Clerk
- G : Guest

F Good Afternoon, How can I help you sir?

G I will be checking out tomorrow, and I would like to have my bill ready upon check out so I don't have to wait in a line.

F Sure I will do that for you. What is your room number and what time would you like to check out?

G My room number is 2105 and I'm planning to check out tomorrow at 10 AM.

F Okay Sir, I will have the bill ready for you tomorrow by 10 AM.

G Shall I put my bags outside the room?

F Yes. Please have you bags outside of your room and our bellman will take care of them.

G Thank you.

F My pleasure.

Lesson 7 체크아웃 전에 영수증 부탁 시

- F : 프런트 직원
- G : 손님

F 안녕하십니까? 어떻게 도와 드릴까요?

G 저는 내일 체크아웃인데 영수증을 미리 발급해 주셔서 체크아웃 시 오래 기다리지 않게 해주세요.

F 네 제가 해드리겠습니다. 손님의 방 번호와 내일 몇 시에 체크아웃 예정이십니까?

G 제 방 번호는 2105호이며 내일 아침 10시에 체크아웃할 계획입니다.

F 네 알겠습니다. 내일 아침 10시까지 영수증 준비하겠습니다.

G 제 가방들을 방 밖에 놔둘까요?

F 네. 가방을 밖에 두시면 저희 벨맨들이 책임을 지겠습니다.

G 감사합니다.

F 영광입니다.

Lesson 8 Asking to correct the miscalculated bill upon check out

F : Front Desk Clerk
G : Guest

F Good Morning. What can I do for you?

G Hi, Check out please and would like to see the bill before you charge.

F Certainly. May I have your name and room number please?

G My name is Sam Parker, room number is 1901.

F Thank you Mr. Parker. Here is your bill and the total is 250 dollars.

G Just a moment. There must be a mistake. What is "B" here on the bill?

F "B" stands for breakfast. Looks like you had breakfast yesterday.

G No. This is a mistake. I did not have breakfast at all.

F I apologize for the mistake. I will remove miscalculated amount from your bill. One moment, please.

G That's fine.

F Okay, here is corrected bill. Please check one more.

G This is correct.

F Thank you and once again I apologize for the mistake.

Lesson 8 체크아웃 시 잘못된 영수증을 고치는 상황

- F : 프런트 직원
- G : 손님

F 안녕하십니까? 제가 무엇을 해드릴까요?

G 안녕하세요. 체크아웃을 하려 합니다. 계산하기 전에 영수증을 먼저 보고 싶습니다.

F 물론이지요. 성함과 방 번호가 어떻게 되십니까?

G 제 이름은 셈 파커이고 1901호입니다.

F 감사합니다. 파커씨. 영수증은 여기 있으며 총 250 달러입니다.

G 잠시만요. 문제가 있는 것 같습니다. 이 B는 무엇입니까?

F "B"는 조식이라는 뜻입니다. 어제 아침에 식사를 하신 것 같습니다.

G 아니요. 저는 아침식사를 하지 않았습니다.

F 저희 실수에 죄송합니다. 잘못 계산이 된 금액을 지금 처리하겠습니다.

F 여기 수정된 영수증입니다. 확인 한 번 더 부탁드립니다.

G 이것이 맞습니다.

F 감사하고 다시 한 번 저희 실수에 사죄합니다.

Lesson 9 Asking for method of payment upon check out

- F : Front Desk Clerk
- G : Guest

F Good Morning, Can I help you?

G I would like to check out now. Can you make out my bill?

F All right. May I have your room number, please?

G My room number is 1515.

F Okay Mrs. Sanders, did you use mini bar from your room?

G No. I didn't.

F The total is 350 dollars and here is your folio. How would you like to settle your bill Mrs. Sanders?

G I would like to settle with my American Express card.

F Yes Mrs. Sanders. Please sign bottom of your bill.

G Sure. Here it is.

F Thank you. Here's your credit card and your receipt. Mrs. Sanders, do you need any other assistance?

G No thanks.

F Thank you for choosing our hotel.

Lesson 9 다른 결제 방법으로 체크아웃하는 상황 시

- F : 프런트 직원
- G : 손님

F 안녕하십니까? 어떻게 도와 드릴까요?

G 체크아웃하길 원합니다. 영수증을 준비해 주세요.

F 알겠습니다. 방 번호를 가르쳐 주시겠습니까?

G 제 방 번호는 1515호입니다.

F 네 센더스님, 미니바를 사용하셨습니까?

G 아니오. 사용하지 않았습니다.

F 총 금액은 350 달러이며 영수증은 여기 있습니다. 결제 방법은 무엇으로 하겠습니까?

G 저의 아메리칸 익스프레스 신용카드로 해주세요.

F 네 센더스님. 영수증 밑에 서명 부탁드립니다.

G 물론이지요. 여기 있습니다.

F 감사합니다. 여기 신용카드와 영수증입니다. 센더스님, 더 필요한 도움이 있으십니까?

G 아니오 감사합니다.

F 저희 호텔을 선택해 주셔서 감사합니다.

Lesson 10 Paying additional rate

- F : Front Desk Clerk
- G : Guest

F Good Afternoon. How can I help you?

G Yes. I'm checking out tomorrow and I want to have late check out.

F As you know, our check out time is at 12 PM. How long do you need to keep your room?

G Until 3 PM if possible please.

F You can do that, but there will be additional charge, Sir.

G All right. How much will that be?

F Your extra charge will be 40 dollars and this is our hotel policy.

G Do you accept traveler's checks?

F Yes. We accept travelers check, Sir.

G Here you are.

F Thank you. I will extend your check out time tomorrow by 3 PM.

G Thank you.

F Thank you. Have a good time.

Lesson 10 추가금액을 결제하는 상황 시

- F : 프런트 직원
- G : 손님

F 안녕하십니까? 어떻게 도와 드릴까요?

G 네. 저는 내일 체크아웃인데 조금 더 시간을 연장하고 싶습니다.

F 아시다시피, 저희 호텔의 체크아웃 시간은 정오입니다. 언제까지 더 방이 필요하신 겁니까?

G 가능하다면 3시까지 쓰고 싶습니다.

F 그러셔도 됩니다만 추가의 금액이 따를 것입니다. 이것이 호텔 규정입니다.

G 알겠습니다. 얼마가 되겠습니까?

F 추가금액은 40달러입니다.

G 여행자 수표도 받나요?

F 네. 여행자 수표도 받습니다.

G 여기 있습니다.

F 감사합니다. 내일 체크아웃 시간을 3시까지 연장하겠습니다.

G 감사합니다.

F 감사합니다. 좋은 시간 되세요.

Lesson 11 To use internet

R : Room clerk
G : Guest

G Is it possible to use the internet in my room?

R Yes, but if you use the internet in your room, you will be charged.

G How can I use the internet service?

R There is a LAN line under the phone that you can plug into your computer. Then you will be able to see an authentication page. When you see the authentication page, you have to login. Login ID and pass code is same as your room number.

G How much is the fee?

R 2,000 won per one hour, 10,000 won for a day.

G Is there any free internet connection?

R Yes we have. If you go to all ○○○ hotel's lobby, you can use the wireless. It is free of charge.

G Oh! Really? That's good news.

R Yes that is our wireless internet service.

G Thank you. I will bring my laptop to the lobby.

Lesson 11 손님 인터넷 사용

- R : 프런트 직원
- G : 손님

G 객실에서 인터넷 사용이 가능한가요?

R 네, 그러나 손님 객실에서 인터넷을 사용하면 유료로 이용이 가능합니다.

G 어떻게 사용하나요?

R 방 전화기 밑에 랜선이 있습니다. 손님의 컴퓨터로 연결하시면 확인 절차 화면이 나옵니다. 확인 절차 화면이 나오면 로그인을 해야 합니다. 로그인 아이디와 비밀번호는 손님의 방 번호와 같습니다.

G 요금은 얼마나 되나요?

R 한 시간에 2,000원이며 하루에 10,000원입니다.

G 무료로 인터넷 이용하는 곳은 있나요?

R 네, ○○○ 호텔 로비에 가시면 무선 인터넷을 사용할 수 있습니다. 사용료는 무료입니다.

G 오! 정말요? 좋은 소식이네요.

R 네 저희 무선 인터넷 서비스입니다.

G 감사합니다. 제 노트북 가지고 로비로 가야 되겠어요.

Lesson 12 Hotel's shuttle bus

- R : Room clerk
- G : Guest

G how can I go to Seoul by public transportation?

R We have ○○○ shuttle bus that will go to Seoul directly. Also you can get on the city shuttle bus that will go to bus terminal.

G I see. I will get on the ○○○ Shuttle bus that goes to Seoul directly. what is the shuttle bus schedule? And how much is it to use ○○○ shuttle bus.

R Price of ○○○ shuttle bus is free of charge and there are ○○○ shuttle buses at 12:00 PM, 15:00 PM, 19:00 PM and 01:00 AM but you need to make reservation of shuttle bus first.

G How often does the city shuttle run to the city.

R It is every 2 to 3 hours. Please check the schedule for exact times.

Lesson 12 호텔 셔틀버스

- R : 프런트 직원
- G : 손님

G 대중교통으로 서울 가려면 어떻게 해야 하나요?

R 저희에게 ○○○ 셔틀버스가 있고 그 셔틀버스는 서울 직행 버스입니다. 또한 시티 버스를 타고 터미널로 갈 수 있습니다.

G 아 네. 서울 직행 ○○○ 셔틀버스 타야겠네요. 서울행 ○○○ 셔틀버스 시간표 좀 알려주실 수 있나요? 그리고 이용하는데 요금은 얼마인가요?

R ○○○ 셔틀버스는 무료이고 오후 12시, 15시, 19시 그리고 새벽 1시에 있습니다. 그러나 ○○○ 셔틀버스를 이용하시려면 사전 예약을 하셔야 합니다.

G 시티로 가는 버스는 얼마나 자주 있나요?

R 2~3시간 간격으로 운행하고 있으며 시각표를 보시고 이용 바랍니다.

Lesson 13 Asking to deposit valuables

- F : Front Desk Clerk
- G : Guest

F Good Morning ma'am. How can I help you?

G I would like to have my jewelry kept in a safe box please

F All right ma'am. We will keep your jewelry in the safety deposit box. Please fill out this form and sign please.

G Here you go.

F Thank you. Here is your key for the safety deposit box.

G Thanks a lot.

F You are welcome.

Lesson 13 귀중품을 금고함에 보관하는 상황

- F : 프런트 직원
- G : 손님

F 안녕하십니까? 어떻게 도와 드릴까요?

G 저의 보석함을 금고에 보관하고 싶습니다.

F 알겠습니다. 손님. 손님의 보석함을 저희 금고에 보관하도록 하겠습니다. 이 서류를 작성하시고 사인하여 주십시오.

G 여기 있습니다.

F 감사합니다. 금고함 키가 여기 있습니다.

G 감사합니다.

F 천만에요.

Lesson 14 Shopping recommendations from Concierge Desk

- C : Concierge Desk Clerk
- G : Guest

C Good Morning. How can I help you?

G Yes. Would you recommend some good places for shopping?

C Of course. Well, there are many great places here in Seoul, but most famous place will be Namdaemoon. It's not very far from the hotel. Take bus number 202 and stop by the Namdaemoon station. Many of our guests enjoy their time in Namdaemoon. I am sure you will enjoy your time as well.

G Sounds great. What's the taxi fare?

C Probably between 3,000 WON to 4,000 WON.

G Great. Thank you for your information!

C Enjoy your time in Seoul.

Lesson 14 컨시어지 데스크로부터 쇼핑 추천 받는 상황 시

◦ C : 컨시어즈 직원
◦ G : 손님

C 안녕하십니까? 어떻게 도와 드릴까요?

G 네. 쇼핑하기 좋은 곳을 추천해 주시겠어요?

C 당연합니다. 이곳 서울은 쇼핑하기 아주 좋은 곳이지만, 제일 유명한 곳이라면 남대문을 추천하고 싶습니다. 또 호텔과 거리가 멀지 않습니다. 버스 202번을 타고 남대문역에서 하차 하시면 됩니다. 저희 호텔 손님들께서는 남대문을 많이 즐겨 가신답니다. 손님도 좋은 시간이 되실 거라 믿습니다.

G 좋군요! 택시로는 얼마입니까?

C 아마 3천원에서 4천원 사이입니다.

G 좋아요! 정보 주셔서 감사합니다.

C 서울에서 좋은 시간 보내세요.

Lesson 15 Making dinner reservation from Concierge Desk Clerk

- C : Concierge Desk Clerk
- G : Guest

C Good Evening, How may I assist you?

G Yes. Good Evening. Would you please recommend me a good restaurant for our special dinner here in Seoul?

C I'm happy to assist you with that. First of all, what kind of food do you like?

G Well, today I'm craving for big thick steak.

C We have several fantastic steak restaurants around our hotel. My favorite steak house is called "LEE'S STEAK HOUSE".

G Great! How far is it?

C It will take about 5 to 10 minutes by foot.

G Fantastic! Can you make reservation for four people at 7:30 PM?

C Certainly, what will be the name under?

G Sam Koosh.

C Okay. I will make a reservation at 7:30 PM for four people. Enjoy your dinner.

Lesson 15 컨시어지 데스크로부터 저녁식사 예약 상황 시

- C : 컨시어즈 직원
- G : 손님

C 안녕하십니까? 제가 어떻게 도와 드릴까요?

G 네 안녕하십니까. 서울에서 특별한 저녁을 맞이할 레스토랑을 추천해 주실 수 있으십니까?

C 도움을 드리게 되어 기쁩니다. 우선, 어떤 음식을 좋아하십니까?

G 음, 오늘 전 스테이크가 무지 먹고 싶네요.

C 호텔 주변에 너무 좋은 스테이크 레스토랑들이 있지만 제가 좋아하는 곳은 LEE'S STEAK HOUSE입니다.

G 좋아요! 얼마나 멉니까?

C 걸어서 약 5분에서 10분이 걸립니다.

G 아주 좋아요! 7시반경에 4명 예약 가능합니까?

C 물론이지요, 어떤 이름으로 예약을 할까요?

G 쌤 쿠쉬.

C 알겠습니다. 7:30경 4명 예약 해드리겠습니다. 즐거운 식사 되세요!

Lesson 16 Dealing with complaints about room cleaning

- F : Front Desk
- G : Guest

F Good evening, Mr. Jones. Can I help you?

G I'm extremely annoyed now.

F I'm so sorry Mr. Jones. Please let me know the details of the problem.

G I just came back to my room after a nice dinner, but the room was just a mess and it smelled very bad. It's absolutely filthy. It's quite obvious that was not cleaned at all.

F I'm terribly sorry Mr. Jones. Thank you for letting me knows about your problem. I will report it to the housekeeping department manager immediately. I apologize once again. I will send the room maid up to have your room cleaned as soon as possible. Could you please tell us if you have any problem again?

G No. That's it.

F Once again, I'm very sorry.

Lesson 16 룸 청소에 관한 불평사항들 대처 방법

- F : 프런트 직원
- G : 손님

F 안녕하세요. 존스 씨, 무엇을 도와 드릴까요?

G 저는 지금 굉장히 화가 나 있는 상태입니다.

F 죄송합니다. 존스 씨. 저에게 문제점을 말씀해 주십시오.

G 전 방금 저녁식사를 마친 뒤 방으로 들어갔습니다. 하지만 방은 청소가 되어 있지 않았으며 냄새는 역겨웠습니다. 당연히 제 방은 청소가 되어 있지 않았습니다.

F 너무나도 죄송합니다. 존스 씨. 문제점을 알려주셔서 감사합니다. 제가 바로 하우스키핑 지배인께 연락을 드리겠습니다. 다시 한 번 죄송합니다. 룸 메이드가 방을 최대한 빨리 치우도록 하겠습니다. 다른 불편한 사항이 더 있으십니까?

G 아니요. 그게 다입니다.

F 다시 한 번 너무나 죄송합니다.

Chapter 3

Hotel Situation (Food and Beverage Department Situation)

Lesson 1 Pizza restaurant

- C : Customer
- S : Server

S Hello sir. What can I do for you?

C I wish to buy pizza. What kind of pizza do you have?

S We have bacon pizza and ○○○ pizza.

C Um.......... What kind of toppings does bacon pizza have?

S The toppings are ham, bacon and assorted vegetable.

C What size of bacon pizza do you have?

S We have Large, Medium and Small. All of them have different price.

C I'm going to order medium size of bacon pizza and also do you have any pizza for vegetarian?

S Yes we have vegetarian pizza as well. Special ○○○ pizza has no meat.

C Ok I want to order small size of special ○○○ pizza too. That pizza is for my wife.

S Thank you for ordering medium size of bacon pizza and small size of special ○○○ pizza. It will take about 10 minutes.

C Ok I will come back after 10 minutes.

S Thank you.

Lesson 1 피자 식당

- C : 손님
- S : 웨이터

S 안녕하세요. 무엇을 도와드릴까요?

C 네 저는 피자를 사기를 원해요. 어떤 종류의 피자가 있나요?

S 저희는 베이컨 피자와 스페셜 ○○○ 피자가 있습니다.

C 음……. 베이컨 피자에는 어떤 토핑이 들어가나요?

S 햄, 베이컨, 각종 야채가 들어갑니다.

C 피자 사이즈는 어떻게 되나요?

S 대, 중, 소 3가지가 있습니다. 그리고 사이즈에 따라 가격이 달라집니다.

C 중간 사이즈 베이컨 피자 주문하고요 혹시 채식주의자 피자는 없나요?

S 네 저희 채식주의자 피자가 있습니다. 스페셜 ○○○ 피자엔 고기가 들어가지 않습니다.

C 네 저 소 사이즈 스페셜 ○○○ 피자도 주문할게요. 그건 제 부인 걸로요.

S 중 사이즈 베이컨 피자와 소 사이즈 스페셜 ○○○ 피자를 주문해 주셔서 감사합니다. 피자가 나오는데 10분 정도 걸릴 예정입니다.

C 네 저 10분 후에 다시 올게요.

S 감사합니다.

Lesson 2 Korean restaurant-1

- C : Customer
- S : Server

C Hello!

S Good evening sir?

C What kind of restaurant is this?

S You are at ○○○, we specialize in Korean food.

C Is there any other restaurants here?

S There is a food court and the ○○○ café on the 1st floor and Chinese restaurant in the lobby.

C Oh. Well then, we will eat here. I like Korean food.

S How many people are going to dine here sir?

C 4 people, 2 for adults and 2 for children.

S This way please, I will show you your seats. Is a table by the window ok?

G Yes. No problem.

G If it is possible can you give me 2 children chairs?

S Yes I will bring 2 children chairs soon.

G Thank you.

Lesson 2 한국 식당-1

- S : 웨이터
- C : 손님

C 안녕하세요?

S 안녕하십니까?

G 여기는 무엇을 파는 레스토랑인가요?

S 여기는 한식당 ○○○입니다.

G 여기 말고 다른 식당은 없나요?

S 한 층 아래 푸드 코트와 ○○○ 카페 그리고 로비에 중식당이 있습니다.

C 오!! 알았어요. 여기 한식당에서 식사를 할게요.

S 몇 분이서 한식강을 이용하시겠나요?

C 4명이서 이용하겠습니다. 2명은 어른이고 2명은 아이들이에요.

S 안내해 드리겠습니다. 이쪽으로 오십시요. 안쪽 창가자리 괜찮으시겠나요?

G 네. 거기가 좋겠네요.

G 혹시 가능하면 2개의 어린이 의자 좀 갖다 주실 수 있나요?

S 네 어린이 의자 2개 곧 갔다 드릴게요.

G 감사합니다.

Lesson 3 Korean restaurant-2

C : Customer
S : Server

S How was your meal? Everything is alright?

C Yes, food was great. Especially steak sauce was wonderful.

S If main food is finished, can I offer some dessert?

C Yes please. I will have chocolate cake with black coffee.

S Ok I will bring chocolate cake and black coffee soon. Anything else?

C Can I get the bill please?

S Yes I would be glad to help you with it if you come to the front cashier.

C How much is the total?

S Your total is 68,000 won sir.

C It looks like this is more than it said on the menu, isn't it?

S Yes, sir. There is 10% additional tax sir.

G Oh I see.

S Would you like to pay with cash or credit card?

G I will pay with credit card. ....um......... I'm so sorry. I forgot my wallet.

G Could you add it to the room charge?

S Certainly, sir. Could you give me your room number and your name please.

G My room number is 309 and my name is Tom Shim.

S (Call front office for room charge. After 2 minutes.) Thank you for coming to ○○○ restaurant. Have a good evening.

Lesson 3 한국 식당-2

- S : 웨이터
- C : 손님

S 식사는 어떠셨나요? 모든 것이 괜찮으셨나요?

C 네 음식 맛있었어요. 특히 스테이크 소스는 훌륭했어요.

S 혹시 음식 식사가 끝났으면 제가 디저트 제공을 해도 괜찮을까요?

C 네. 저 초콜릿케익과 블랙커피 주세요.

S 네 초콜릿케익과 블랙커피 곧 갔다 드리겠습니다. 더 필요한건 없으시나요?

C 계산서 가져다주실 수 있으시나요?

S 네 계산은 케셔데스크에서 도와 드리겠습니다.

C 총 금액이 얼마인가요?

S 68,000원입니다.

C 식사 금액과 메뉴가격과 차이가 있는 것 같은데 왜 그렇죠?

S 네. 메뉴가격에 10%의 부가세가 더해진 금액입니다.

C 아 그렇군요.

S 계산은 현금과 크레딧 카드 중 어떻게 하시겠습니까?

C 크레딧 카드로 계산할게요. ………음……… 죄송합니다. 제가 지갑을 놓고 왔네요.

S 혹시 룸챠지가 가능한가요?

C 물론이지요. 고객님의 방 번호와 이름을 말씀해 주시겠습니까?

S 제 방 번호는 309번이고 제 이름은 심톰입니다.

S 프런트 오피스에 룸챠지를 위해 전화를 건다. 2분 후) 처리되었습니다. ○○○ 식당을 이용해 주셔서 감사합니다. 좋은 밤 보내십시오.

Lesson 4 Food and beverage situation (○○○ Café)

- C : Customer
- S : Server

※ Make inquires by phone.

S Hello this is ○○○ café. Kate speaking. What can I do for you?

C Hello this is Lee. I wish to know the direction to ○○○ café.

S Ok! Where are you now?

C I'm on the 5th floor in ○○○ hotel.

S Um.......... ok. You can find us on the second floor. After getting off the elevator, left side you will see the ○○○ café.

C Oh I see. When is café open 'til?

S We are open from 9 am to 12 pm.

C Is there any breakfast menu? I want to have black coffee and sandwich.

S Yes we have breakfast menu which are coffee and sandwich, coffee and waffle.

C Great. I wish to make reservation for tomorrow breakfast for 4 people.

S Breakfast is served from 9 am to 11 am, and it is not necessary to make reservation.

C Ok. Thank you.

S Thank you for calling ○○○ hotel. Have a nice evening.

Lesson 4 식음료 시추에이션 (○○○ 카페)

- S : 웨이터
- C : 손님

※ 전화 문의

S 안녕하세요. ○○○ 카페 쎄라입니다. 무엇을 도와 드릴까요?

C 안녕하세요. 저는 리라고 합니다. ○○○ 카페 위치 좀 알 수 있을까요?

S 네. 지금 어디시죠?

C 지금 ○○○ 호텔 5층에 있습니다.

S 음……. 네. 2층에 오시면 저희를 찾을 수 있습니다. 엘리베이터에서 내리신 다음에 왼쪽을 보시면 ○○○ 카페를 찾을 수 있습니다.

C 아 그렇군요. 영업시간은 어떻게 되나요?

S 저희는 아침 9시부터 저녁 12시까지 영업을 합니다.

C 혹시 거기 조식 메뉴가 있나요? 제가 블랙커피와 샌드위치를 먹고 싶어서요.

S 네 저희 아침메뉴가 있고요. 메뉴는 커피와 샌드위치 그리고 커피와 와플이 있습니다.

C 훌륭하군요. 내일 아침 4명 예약할 수 있나요?

S 아침은 아침 9시부터 아침 11시까지 가능하며 예약은 따로 안하셔도 됩니다.

C 네 감사합니다.

S 전화 주셔서 감사합니다. 좋은 저녁 되세요.

Lesson 5 Food and beverage situation (○○○ restaurant for ski or snowboard customer)

- C : Customer
- S : Server

S Welcome to ○○○ restaurant. What can I do for you sir/madam?

C I wish to have dinner in a room for 8 people.

S Sure. But you can't come in with ski boots. Please change from ski boots to slippers that we provide at the lobby.

C Oh I see.

After changing to slippers

S May I take your order?

C Is there anything on the menu that is not spicy because of our children.

S Sorry sir/madam. We only offer spicy foods.

C Ok. I understand. Is there anything you recommend for our children?

S We can prepare the food less spicy or next to our restaurant, you can go to fast food restaurant. From fast food restaurant, you can take out food for children.

C Ok. I will order 4 spicy beef soup and I will take out 4 hamburgers. Is it ok?

S Yes sir/madam. No problem.

Lesson 5 식음료 시추에이션 (OOO 스키와 스노보드 손님 식당)

- S : 웨이터
- C : 손님

S ○○○ 레스토랑에 오신걸 환영합니다. 무엇을 도와 드릴까요?

C 8명이서 저녁 식사를 위해 룸을 이용하고 싶어요.

S 물론이죠. 하지만 스키 부츠를 착용하시고는 입장이 불가능합니다. 로비에 저희가 준비해 놓은 슬리퍼로 갈아 신으시기 바랍니다.

C 아……… 네.

슬리퍼 교환 후

S 주문을 도와 드리겠습니다.

C 혹시 여기에 아이들 때문에 그러는데 맵지 않은 음식은 없습니까?

S 죄송합니다. 고객님. 저희는 매운 음식 밖에 팔지 않습니다.

C 네. 알겠습니다. 그러면 아이들을 위해 다른 방법은 없나요?

S 저희가 음식을 맵지 않게 만드는 방법이 있고, 또 하나는 저희 레스토랑 옆에 패스트 푸드 레스토랑이 있습니다. 그 패스트 푸드 레스토랑에서 아이들 음식을 포장해서 오시는 방법이 있습니다.

C 네. 저희 육개장 4개를 주문하고 아이들 햄버거 4개 포장해 오겠습니다. 괜찮죠?

S 네 괜찮습니다. 손님.

Lesson 6 Taking an order for breakfast

- W : Waiter
- G : Guest

W Good Morning, Welcome to ○○○ restaurant. My name is Jonathan and I will be your server. Here's the menu.

G Thank you.

W What would you like to order for your breakfast?

G I'm going to order an egg omelet with tomatoes and bacon, please.

W Would like you like coffee or tea?

G I will have a coffee, please.

W Is there anything else?

G No. That's all.

W Thank you for your order.

Lesson 6 아침식사 주문 시

◦ W : 웨이터
◦ G : 손님

(아침 식사 주문 시)

W 안녕하십니까. ○○○ 레스토랑에 오신걸 환영합니다. 제 이름은 조나단이며 오늘 손님들을 위하여 서비스할 서버입니다. 메뉴는 여기 있습니다.

G 감사합니다.

W 아침식사로 무엇을 주문하시겠습니까?

G 저는 토마토와 베이컨이 있는 오믈렛을 주문하겠습니다.

W 커피나 차를 준비할까요?

G 저는 커피 주세요.

W 더 필요하신건 있으신가요?

G 아니요. 전부입니다.

W 주문해 주셔서 감사합니다.

Lesson 7 Taking beverage order

- W : Waiter
- G : Guest

W Good afternooon, ma'am. How are you today?

G Thank you.

W May I take your order for your drinks?

G Not yet. Please give me few minutes.

W Sure, take your time to order.

G I'm ready to order now. I would like to have a regular coffee. Make it real hot please.

W Thank you ma'am.

(Later)

Would you like some more coffee ma'am?

G No thank you.

W My pleasure.

Lesson 7 음료 주문 시

- W : 웨이터
- G : 손님

W 손님, 안녕하십니까? 처음 뵙겠습니다.

G 감사합니다.

W 음료 주문을 하시겠습니까?

G 아직요. 시간을 조금 더 주세요.

W 물론이지요. 천천히 고르세요.

G 이제 주문하겠습니다. 저는 커피를 주시고 매우 뜨겁게 해주세요.

W 감사합니다.

(잠시 후)

W 커피를 더 드릴까요?

G 아니요 감사합니다.

W 영광입니다.

Lesson 8 Taking an order for lunch

- W : Waiter
- G1 : Guest1
- G2 : Guest2

W Good Afternoon. Welcome to ○○○ restaurant. What would you like to have?

G1 I would like to have a Hamburger with a lot of mushrooms, please.

W Would you like to add French fries with your hamburger?

G1 All right.

W Okay. What would you like to order, Sir?

G2 I would like to have a Beef steak with French fries as well, please.

W what Would you like to have for your drinks?

G2 I will have an orange juice.

W Anything else?

G1 That's all.

W Thank you.

Lesson 8 점심식사 주문 시

- W : 웨이터
- G1 : 손님1
- G2 : 손님2

W 안녕하십니까? ○○○ 레스토랑에 오신걸 환영합니다. 무엇을 주문하시겠습니까?

G1 저는 버섯이 많이 들어 있는 햄버거를 주세요.

W 햄버거와 함께 감자튀김도 추가하시겠습니까?

G1 그렇지요.

W 알겠습니다. 무엇을 주문해 하시겠습니까?

G2 저는 소고기 스테이크와 감자튀김을 주문하겠습니다.

W 음료는 무엇으로 하시겠습니까?

G2 오렌지 주스 주세요.

W 더 필요하신건 있으신가요?

G1 그게 다입니다.

W 감사합니다.

Lesson 9 Taking an order for dinner

- W : Waitress
- G1 : Guest1
- G2 : Guest2

W Good Evening, Ladies and Gentlemen. May I take your order?

G1 What is your recommendation for our dinner?

W Our chef's special for today is Roasted Chicken with steamed vegetables.

G1 I will try that.

W Yes, Sir. How about for you ma'am?

G2 I will have a Filet Mignon please.

W How do you want your steak, ma'am?

G2 Well done, please.

W Okay. Would you like some soups as well?

G1 I'm fine. I will go with Caesar salad, please.

W Anything else?

G1 No thank you.

W Thank you. Enjoy your dinner.

Lesson 9 저녁식사 주문 시

- W : 웨이트리스
- G1 : 손님1
- G2 : 손님2

W 신사 숙녀 여러분, 안녕하십니까. 주문을 하시겠습니까?

G1 저희 저녁식사를 위해 무엇을 추천해 주실 수 있으십니까?

W 오늘의 추천 요리는 치킨구이와 야채 찜입니다.

G1 제가 먹어 보지요.

W 숙녀 손님은 무엇을 하시겠습니까?

G2 저는 소고기 스테이크를 하겠습니다.

W 고기는 어떻게 구워 드릴까요?

G2 잘 익혀 주세요.

W 알겠습니다. 스프도 준비해 드릴까요?

G1 괜찮습니다. 저는 시저 샐러드 준비해 주세요.

W 더 필요하신 것 있으십니까?

G1 괜찮습니다.

W 감사합니다. 좋은 저녁식사 시간 되세요.

Lesson 10 Making reservation for dinner

- M : Manager
- G : Guest

M Good Morning. This is ○○○ Restaurant. How may I help you?

G Good Morning. I would like to make a reservation for today's dinner. What time do you open for dinner?

M Thank you for choosing ○○○ Restaurant, Sir. Our dinner starts from 5:30 PM till 10:30 PM.

G That's great. I would like to reserve a table for 4 people at 7 PM.

M May I have your name, please?

G John Smith.

M Okay Mr. Smith. I have reserved a table for 4 people at 7 PM tonight.

G Thank you.

M We will see you tonight. Thank you, Mr. Smith.

Lesson 10 저녁식사 예약하는 상황

- M : 매니저
- G : 손님

M 안녕하십니까. ○○○ 레스토랑입니다. 무엇을 도와 드릴까요?

G 안녕하십니까. 오늘 저녁을 예약하고 싶은데 몇 시에 시작하십니까?

M ○○○ 레스토랑을 선택해 주셔서 감사합니다. 저희 저녁식사는 5시 반부터 저녁 10시 반까지 운영합니다.

G 좋습니다. 오늘 저녁 7시에 4명을 예약해 주십시오.

M 성함이 어떻게 되십니까?

G 존 스미스입니다.

M 스미스씨, 오늘 저녁 7시에 4명을 위해 예약이 되었습니다.

G 감사합니다.

M 스미스씨 감사합니다. 오늘 뵙겠습니다.

Lesson 11 Making reservation for party

- M : Manager
- G : Guest

M Good Morning. Thank you for calling ○○○ restaurant Sally speaking. How can I help you?

G Yes, I would like to reserve for dinner tomorrow.

M Thank you. How many people is this for?

G I have a group of 25 people.

M Very well. May I have your name please, ma'am.

G Kelly Parker.

M Okay. Ms Parker. What time would you like for tomorrow?

G We'll be there around 7:30 PM.

M That's good. Can I also have your phone number, please?

G Yes. My phone number is 473-1677. And I would like to have a table with view of river please.

M Okay. We will organize that for you.

G Thank you so much.

M My pleasure. Thank you.

Lesson 11 그룹 예약 상황 시

- M : 매니저
- G : 손님

M 안녕하십니까? 저는 셀리입니다. ○○○ 레스토랑에 전화 주셔서 감사합니다. 무엇을 제가 도와 드릴까요?

G 네, 내일 저녁 예약하고 싶습니다.

M 감사합니다. 몇 명이십니까?

G 25명 인원이 있는 그룹입니다.

M 아주 좋습니다. 손님의 성함이 무엇입니까?

G 켈리 파커입니다.

M 네 파커씨, 내일 저녁은 몇 시로 예약해 드릴까요?

G 저희가 저녁 7시 반쯤경 가겠습니다.

M 좋습니다. 연락처도 주시겠습니까?

G 네, 제 연락처는 473-1677입니다. 그리고 한강 전망이 보이는 자리를 원합니다.

M 알겠습니다. 그렇게 준비해 드리도록 하겠습니다.

G 정말 감사합니다.

M 영광입니다. 감사합니다.

Lesson 12 Asking to cancel the reserved table

- M : Manager
- G : Guest

M Good Morning. This is Rose speaking. How can I help you?

G Yes. Can I speak to your manager, please?

M I'm a manager of this restaurant. How can I help you?

G Thank you. My name is Susan Peters and I would like to cancel the reservation for tonight.

M Okay Ms. Peters. Let me search for your reservation. I found your reservation and this was for tonight at 7 PM, Correct?

G Yes. Please cancel it for me.

M Okay. Ms. Peters. Your table has been cancelled. Anything else?

G No, thank you for your help. See you next time.

M Yes. Ms. Peters, hope to see you next time.

Lesson 15 손님에게 한국 음식 추천하기

- W : 웨이터, 웨이트리스
- G : 손님

W 안녕하십니까? ○○○ 레스토랑에 오신걸 환영합니다. 저녁식사 주문을 하시겠습니까?

G 음, 아마 도움이 필요할 듯 싶군요. 저는 한국 음식에 대해 전혀 아는 것이 없습니다. 맛있는 음식을 추천해 주시겠습니까?

W 네. 도움을 드리게 되어 기쁩니다. 외국인들 사이에서 제일 인기가 많은 음식은 불고기입니다.

G 무엇입니까?

W 불고기는 소고기 음식이며 간장과 참기름 그 외 다른 양념들로 몇 시간 동안 재워졌으며 숯불로 구운 음식입니다. 전혀 맵지도 않아 외국인들 사이에서 인기가 좋습니다.

G 궁금하군요. 한번 시도해 보겠습니다.

W 네. 곧 불고기를 준비해 드릴게요.

G 감사합니다.

W 분명 좋아하실 겁니다.

Lesson 16 Taking an order for Korean Table

- W : Waiter, Waitress
- G : Guest

W Good evening, Sir?

G Good Evening.

W Are you waiting for another party of your group?

G No. We're all here.

W I see. Let me escort to your table.

(Later)

Are you ready to order now?

G Yes. But I don't know about Korean food. Can you suggest a Korean dish?

W Yes. I can recommend broiled beef ribs table hotel.

G What is it?

W It's a menu consists of broiled beef ribs, assorted freshvegetables, seasonal wild greens and spinach, pan-fried fish and vegetables with egg, rice and fresh fruit for your desert.

G Very good. We'll try them.

W Thank you.

Lesson 16 한정식 음식을 주문 받는 상황 시

- W : 웨이터, 웨이트리스
- G : 손님

W 손님, 안녕하십니까?

G 안녕하십니까?

W 다른 손님 일원들을 기다리십니까?

G 아니요, 다 왔습니다.

W 그렇군요. 제가 모시겠습니다.

(잠시 후)

주문하시겠습니까?

G 네. 하지만 전 한정식에 대해서 잘 알지 못합니다. 한식을 추천해 주시겠습니까?

W 네 제가 숯불갈비 한정식을 추천해 드리겠습니다.

G 무엇입니까?

W 숯불갈비와 각종 야채들, 시금치, 생선전, 계란, 밥 그리고 디저트로 과일이 나오는 메뉴입니다.

G 아주 좋습니다. 저희가 시도해 보겠습니다.

W 감사합니다.

Lesson 17 Taking alcohol drinks order–1

- B : Bartender
- G1 : Guest1
- G2 : Guest2

B Good Evening, Sir. What can I get for you?

G1 I'd like to have a draft beer, please.

G2 I will have the same.

B Okay. I will have two draft beers ready for you in one moment.

(Later)

B Here you are.

G1 Thanks.

B You're welcome. Thank you.

Lesson 17 술 주류 주문 시-1

- B : 바텐더
- G1 : 손님1
- G2 : 손님2

B 손님 안녕하십니까? 무엇을 드릴까요?

G1 저는 생맥주를 주세요.

G2 저도 같은 걸로 주세요.

B 알겠습니다. 잠시만 기다리시면 생맥주 2개를 준비하겠습니다.

(잠시 후)

B 여기 있습니다.

G1 고마워요.

B 천만에요. 감사합니다.

Lesson 18 Taking alcohol drinks order–2

- B : Bartender
- G1 : Guest1
- G2 : Guest2

B Good Evening to both of you. How can I serve you tonight?

G1 I would like to have a shot of Vodka, please.

B And you?

G2 I would like Gilbey's, please.

B Would you like it straight up or on the rocks?

G2 Straight up, please. And could you give us some dry snacks?

B Sure. One moment please.

Lesson 18 술 주류 주문 시-2

- B : 바텐더
- G : 손님

B 두 분 다 안녕하십니까? 제가 오늘은 어떻게 도와 드릴까요?

G1 저는 보드카 샷으로 주십시오.

B 다른 분은요?

G2 저는 길비로 주세요.

B 샷 또는 온더락으로 드릴까요?

G2 샷으로 주십시오. 그리고 마른안주도 주시겠습니까?

B 물론이지요. 잠시만 기다려 주세요.

Lesson 19 Paying with cash with cashier

- C : Cashier
- G : Guest

C Good Afternoon. Did you enjoy your meal today?

G Yes. It was great.

C I'm glad to hear that, Sir. Here is your final bill.

G What's this total for?

C Your bill includes a 10% tax and a 10% service charge.

G Ah, I see. Here is 20,000 WON.

C Thank you. Your change is 3,000 WON. Have a great day.

Lesson 19 출납원에게 현찰로 지불하는 상황 시

- C : 출납원
- G : 손님

C 안녕하십니까? 즐거운 식사가 되셨습니까?

G 네. 만족합니다.

C 다행이군요. 영수증이 여기 있습니다.

G 이 금액은 무엇이지요?

C 손님의 금액은 10% 세금과 10% 서비스 금액이 포함되어 있습니다.

G 아 그렇군요. 여기 20,000원입니다.

C 감사합니다. 잔돈 3,000원입니다. 좋은 하루 되세요.

Lesson 20 Asking to add the breakfast bill to the room account

C : Cashier
G : Guest

C Good Morning. How was your breakfast?

G It was fabulous. Thank you.

C Thank you so much. Your bill comes to 30,000 WON.

G I'd like to charge it to my room account.

C No problem. May I have your room number, please?

G Room number is 3101.

C Wait a minute please. Your name is John Hanks?

G Yes. That's right.

C Could you please sign here?

G Yes, here you are.

C Thank you, sir.

Lesson 20 아침식사 금액을 방 계좌로 계산하는 상황 시

- C : 출납원
- G : 손님

C 안녕하십니까? 아침식사는 어떠셨습니까?

G 아주 좋았습니다. 감사합니다.

C 너무나 감사합니다. 총 금액은 30,000원입니다.

G 방 계좌로 요금을 계산하고 싶습니다.

C 문제없습니다. 방 번호를 주시겠습니까?

G 3101호입니다.

C 잠시만 기다려 주십시오. 성함이 존 행크스씨 맞으십니까?

C 네. 맞습니다.

C 여기에 서명해 주시겠습니까?

G 네, 여기 있습니다.

C 손님, 감사합니다.

Lesson 21 Dealing with a miscalculated bill

- C : Cashier
- G : Guest

G Excuse me. There's something wrong on my bill.

C I'm so sorry. Can I have look at your bill, please?

G Here it is. I'm afraid you overcharged me. Looks like you charged me 3 cocktails, but I only had 2 and I never had dry snacks with my drinks.

C Oh, is that so? I think we made a mistake on your bill. I will check with my manager and I will be back shortly.

(Later)

C I'm really sorry. You're right. I'll adjust your bill immediately.

G That's okay.

C Thank you for understanding.

Lesson 21 잘못 계산된 영수증을 다루는 상황

- C : 출납원
- G : 손님

G 실례하겠습니다. 제 영수증에 문제가 있습니다.

C 너무 죄송합니다. 영수증을 볼 수 있겠습니까?

G 여기 있습니다. 유감스럽게도 금액이 많이 청구하신 듯 싶네요. 영수증을 보니 3잔의 칵테일이라 쓰여 있으나 저는 2잔만 마셨으며 안주 또한 시키지 않았습니다.

C 아 그렇습니까? 저희가 실수를 한 것 같네요. 저희 매니저와 확인하고 잠시 뒤에 돌아오겠습니다.

(잠시 후)

C 너무나 죄송합니다. 손님께서 옳으셨습니다. 바로 수정하겠습니다.

G 괜찮습니다.

C 이해해 주셔서 감사합니다.

Lesson 22 Taking room service order for breakfast

- W : Waiter
- G : Guest

W Room service, how may I help you?

G Yes. I'd like to have breakfast in my room, please.

W Sure. What can I get for you?

G I would like to have an egg, a grilled sausage and a coffee, please.

W How would you like your eggs to be cooked?

G Sunny side up, please.

W Would you like cream and sugar for your coffee?

G Yes, please.

W May I have your room number, please?

G Room 802.

W Okay, your order will take about 20 minutes.

G I have an important appointment soon. Please bring them as soon as possible.

W Yes. Thank you for using room service.

Lesson 22 룸서비스로 아침식사 주문 상황 시

- W : 웨이터
- G : 손님

W 룸서비스입니다. 어떻게 제가 도와 드릴까요?

G 네. 저는 아침식사를 제 방에서 하고 싶습니다.

W 물론이지요. 무엇을 드릴까요?

G 저는 계란, 소시지 구이와 커피를 원합니다.

W 계란은 어떻게 해 드릴까요?

G 반숙으로 해주십시오.

W 크림과 설탕을 가져다 드릴까요?

G 네 그래 주세요.

W 방 번호가 어떻게 되십니까?

G 802호입니다.

W 주문하신 요리는 약 20분쯤 후에 준비가 되겠습니다.

G 중요한 약속이 있으니 최대한 빨리 가져다주시길 부탁합니다.

W 네. 룸서비스를 이용해 주셔서 감사합니다.

Lesson 23 Taking room service order to guest's room

W : Waiter
G : Guest

(Knock Knock)

G Who is it?

W Good Morning. It's room service. May I come in?

G Yes. Come in.

W Good Morning, Mr. Brown. I've brought your breakfast order. Where shall I leave it?

G Leave by the bed, please.

W I also brought a newspaper to read at breakfast. Here you are.

G It's very kind of you to do this service.

W It's our pleasure. Will you charge it to the room account?

G Yes, please.

W Please sign the bottom of the bill, Mr. Brown.

G Okay. Here you are.

W Please call room service anytime if you need anything else. We're always ready for you.

G Thank you.

Lesson 23 룸서비스 주문을 손님방에 가져가는 상황 시

- W : 웨이터
- G : 손님

(똑똑)

G 누구입니까?

W 안녕하십니까? 룸서비스입니다. 들어가도 괜찮습니까?

G 네 들어오세요.

W 안녕하세요. 브라운씨. 아침식사를 가져 왔습니다. 어디다가 놓을까요?

G 침대 옆에 놔주세요.

W 제가 신문도 가져 왔습니다. 여기 있습니다.

G 아주 좋은 서비스이네요.

W 영광입니다. 방 계좌로 지불하시겠습니까?

G 네. 그래 주세요.

W 브라운씨, 영수증 밑부분에 사인해 주시길 바랍니다.

G 알겠습니다. 여기 있습니다.

W 필요하신 것이 있다면 아무 때나 룸서비스로 연락 주시길 바랍니다. 저희는 항상 준비되어 있습니다.

G 감사합니다.

Lesson 24 Reserving a Banquet room

- M : Manager
- G : Guest

M Good Morning. This is Sam. How may I help you?

G Good Morning. My name is Mr. Jones and I work for Sony Company in America. I'm planning a dinner party for our employees. Could you provide me with some information about your facilities?

M Yes. Mr. Jones. When is the reception planned for? And also the time, please.

G September 25th around 7:30 PM.

M I see. How many people will be coming, Mr. Jones?

G We're planning to have a reception for about 120 people.

M I understand. We have several banquet rooms that can accept 120 people; however, I can recommend you a largest banquet room called Rose. This room can contain more than 150 people at once. What sort of service would you like?

G Since it's a dinner party, we want to have a lot of drinks and snacks. What will be the cost?

M It will be 40,000 WON per person, Mr. Jones.

G That's fine. Will you send a fax about all the information, please?

M Yes. I can do that for you. May I have your fax number, please?

G It is 843-6712.

M Ok. Mr. Jones. I will send you the information and I will be expecting a call from you.

Lesson 24 연회장 예약하는 상황 시

- M : 매니저
- G : 손님

M 안녕하십니까? 저는 쌤입니다. 무엇을 도와 드릴까요?

G 안녕하십니까? 저의 이름은 존스이며, 미국에 있는 소니 회사에 근무 중입니다. 저는 지금 저희 직원들과 저녁식사 파티를 예정하고 있습니다. 저에게 시설에 대한 정보를 주실 수 있겠습니까?

M 네 존스씨. 연회 날짜는 언제이며 시간은 몇 시쯤 계획하고 계십니까?

G 9월 25일, 저녁 7시 반쯤 경입니다.

M 그렇군요. 존스씨, 몇 명 정도 오실 계획이십니까?

G 약 120명 정도의 연회장을 생각하고 있습니다.

M 알겠습니다. 저희는 약 120명 인원을 모실 수 있는 여러 가지 연회장이 있지만, 제가 추천하는 연회장은 로즈 방입니다. 이 연회장 룸은 약 150명 이상이 계실 수 있으십니다. 어떤 서비스를 원하십니까?

G 저녁 파티이므로 음료나 스낵들이 많이 준비되어 있길 바랍니다. 가격은 어느 정도 입니까?

M 존스씨, 한 사람당 40,000원입니다.

G 괜찮습니다. 팩스로 정보를 보내주실 수 있으십니까?

M 네 그렇겠습니다. 팩스번호가 무엇입니까?

G 842-6712입니다.

M 알겠습니다. 존스씨. 정보를 보내드린 뒤 연락 기다리겠습니다.

Lesson 25 Dealing with complaint guest about the food

- W : Waitress
- G : Guest

G Waitress!

W Yes, Sir. Is there any problem with your steak?

G This steak is under done. I asked for a meat to be cooked perfectly but now I feel sick because of the sight of blood. I can't have this meal anymore.

W We're awfully sorry, Sir. Do you want us to re-cook your steak, Sir?

G Sure, but I don't have enough time. Please hurry up.

W Yes, Sir. Your steak will be here in a moment. May I offer you a drink?

G Yes, please.

(Later)

W Here is your steak, sir. How is your steak this time?

G That's Okay.

W Thank you very much. Again, we are terribly sorry.

Lesson 25 음식에 관한 불편사항 대처하는 상황

- W : 웨이트리스
- G : 손님

G 웨이트리스!

W 네, 손님. 음식에 무슨 문제가 있습니까?

G 이 고기는 익히지 않았군요. 저는 잘 익혀 달라고 주문을 했고, 이 고기에 피를 본 순간 저는 이 음식을 더는 먹을 수 없겠네요.

W 너무나 죄송합니다. 손님, 다시 스테이크를 만들어 올까요?

G 네, 그러나 전 시간이 많이 없으니 서둘러 주세요.

W 네, 손님. 곧 준비하도록 하겠습니다. 제가 음료를 준비해도 될까요?

G 네, 그래 주세요.

(잠시 후)

W 여기 나왔습니다. 음식이 어떻습니까?

G 괜찮습니다.

W 감사합니다. 다시 한 번 죄송합니다.

Chapter 4

Hotel Situation (Reservation Department)

Lesson 1 Reservation department

- C : Clerk
- G : Guest
- O : Operator

(Taking Reservation by phone with the guest)

O Good Morning, ○○○ Hotel. How may I assist you?

G I would like to speak to your reservation department.

O Sure. I will transfer you to our reservation department. One moment Please.

C Good Morning, this is reservation department. How may I assist you?

G Yes. Can I put up at your hotel?

C Of course. Thank you for choosing ○○○ hotel. What are the dates are you planning to visit our hotel ma'am?

G I want to say at your hotel tonigt.

C Yes. We can do that for you, ma'am. What kind of room would you like?

G A twin deluxe room please. What will be the best rate?

C Twin delux room will be 280 dollars plus tax for tonight. We have beautiful room facing great city view.

G Okay. I will take it.

C May I have your name and phone number, please?

G My name is Susan Parker and phone number is 478-1677.

C Thank you ma'am. Your reservation has been confirmed. We will look forward to seeing you soon. Have a great day.

Lesson 1 예약실 상황

- C : 프런트 직원
- G : 손님
- O : 예약실 상담원

(손님과 전화 예약 시 상황)

O 안녕하십니까? ○○○ 호텔입니다. 무엇을 도와 드리겠습니까?

C 호텔 예약부서와 통화하고 싶습니다.

O 네, 호텔 예약부에게 전화 연결해 드리겠습니다. 잠시만 기다려 주십시오.

C 안녕하십니까? 호텔 예약 부서입니다. 제가 무엇을 도와 드리겠습니까?

G 네, 예약을 하고 싶습니다.

C 네, 저희 ○○○ 호텔을 이용해 주셔서 감사합니다. 어느 날짜로 예약하시길 원하십니까?

G 오늘밤 호텔에 묵고 싶습니다.

C 네. 오늘 예약 가능합니다. 어떤 방 구조를 원하십니까?

G 트윈 디럭스 룸을 원합니다. 좋은 가격대가 얼마입니까?

C 오늘 트윈 디럭스 가격은 미국 달러 280 불이며 세금별도 된 가격입니다. 아주 멋있는 시내 전망을 바라보고 있는 방입니다.

G 네. 그 방으로 예약하겠습니다.

C 손님의 존함과 전화번호가 어떻게 되십니까?

G 저의 이름은 수잔 파커이며 전화번호는 478-1677입니다.

C 감사합니다, 손님. 예약이 확인되었습니다. 조만간 뵙기를 기대하겠습니다. 좋은 하루 되십시오.

Lesson 2 Cancelling reservation

- C : Clerk
- G : Guest

C This is reservation department, How can I help you?

G Yes, I have reservation at your hotel and I would like to cancel it due to my schedule.

C Sure, I can help you with that. Which date were you planning to visit us?

G It was for September 25th to 27th.

C Who made the reservation?

G My name is Christopher Johnson.

C One moment please while I search for your reservation.

G Thank you.

C Ok, I found your reservation and I have it cancelled.

G I'm sorry about that.

C We hope to serve you if you have another chance to visit ○○○ hotel again, Mr Johnson.

G Thank you for your help.

C Thank you Mr Johnson. Have a great day.

Lesson 2 예약 취소 상황

- C : 호텔 립세션 리스트
- G : 손님

C 예약 부서입니다. 어떻게 도와 드릴까요?

G 네. 제가 이 호텔에 예약이 있는데 스케줄 변동 때문에 예약을 취소하고 싶습니다.

C 네, 제가 도와 드리겠습니다. 며칠에 방문 예정이셨습니까?

G 9월 25일부터 27일까지였습니다.

C 누가 예약을 했습니까?

G 제 이름은 크리스토퍼 존슨입니다.

C 예약을 찾는 동안 잠시만 기다려 주십시오.

G 네 감사합니다.

C 네, 예약을 찾았으며 취소 확인되었습니다.

G 네 죄송합니다.

C 저희 ○○○ 호텔을 다시 한 번 방문할 기회가 닿았으면 좋겠습니다. 존슨씨.

G 도와주셔서 감사합니다.

C 감사합니다. 존슨씨, 좋은 하루 되세요.

Lesson 3 Reservations are fully booked

- C : Clerk
- G : Guest

C Good Afternoon. This is reservation Sarah speaking. How can I help you?

G Yes. I will be arriving on March 21st for 2 nights, and would like to have a King size room. Will it be available?

C Ok, let me check the dates for you. Unfortunately we don't have any King size room on that date.

G How about a double room?

C I am so sorry Sir, all double and King size rooms are fully booked. However, we have suite rooms available.

G No that will go over my budget. Will you help me finding other hotel?

C Yes. I know a hotel with reasonable prices near our hotel. Shall I call for you, Sir?

G Yes please. I will call you again after a while.

C Yes, Sir. I will call for you at the hotel. Thank you.

Lesson 3 예약이 다 찼을 경우

- C : 호텔 립세션 리스트
- G : 손님

C 안녕하십니까? 예약부서 세라입니다. 무엇을 도와 드릴까요?

G 네, 저는 3월 21일 도착이며 2틀 동안 있을 킹사이즈 방을 찾고 있습니다. 이날 가능합니까?

C 알겠습니다. 그 날짜로 찾아보겠습니다. 죄송하지만 저희는 킹사이즈 방이 그날 없습니다.

G 그럼 더블룸은 어떻습니까?

G 손님 죄송하지만 그날 더블룸과 킹사이즈 룸은 예약이 다 찾습니다. 그러나 스위트룸은 있습니다.

G 아닙니다. 저의 예상 가격을 넘어갈 것 같습니다. 다른 호텔을 찾는데 도와주시겠습니까?

C 네. 저희 호텔과 가까운 곳에 위치해 있는 저렴한 호텔을 알고 있습니다. 제가 전화를 한번 해볼까요?

G 네 그래 주세요. 제가 다시 전화 드리겠습니다.

C 네 손님, 그 호텔에 전화를 해보겠습니다. 감사합니다.

Lesson 4 Asking the room rate

- C : Clerk
- G : Guest

C Good Afternoon, reservation desk. Can I help you?

G Yes. I would like to make a reservation for a double room.

C Can I have your name and reservation date?

G Yes. My name is Matthew Rose and the date will be April 26th for 10 nights.

C Ok Mr Rose, I will check for you.

G Thank you.

C Ok Mr Rose, we have a room view of beach for those dates. Have you stayed with us before?

G No I haven't. What's your room rate?

C It's 250 dollars for a night and 10% tax will be added. Is this Okay for you?

G Yes that's fine with me. I will take it.

C All right Mr Rose. I want to confirm your reservation. That's a double room from April 26th for 10 nights and your reservation number is BP67890. Do you have any more questions?

G Thank you very much.

C You're welcome.

Lesson 4 가격을 묻는 상황

- C : 호텔 립세션 리스트
- G : 손님

C 안녕하십니까? 예약과입니다. 무엇을 도와 드릴까요?

G 네, 더블룸 예약을 하고 싶습니다.

C 네 손님 성함과 예약 날짜를 주시겠습니까?

G 네. 저의 이름은 메튜 로즈이고 4월 26일로부터 10일입니다.

C 네 로즈씨 제가 확인해 보겠습니다.

G 감사합니다.

C 알겠습니다. 로즈씨. 그 날짜에 바다 전망이 있는 방이 있습니다. 저희 호텔에 묵으신 적이 있으십니까?

G 아니요. 없습니다. 가격이 얼마입니까?

C 하루에 250 달러이며 10%의 세금이 부과되겠습니다. 괜찮습니까?

G 네 저는 괜찮습니다. 예약하겠습니다.

C 알겠습니다. 로즈씨, 예약 확인해 드리겠습니다. 4월 26일로부터 10일, 더블룸이며 예약번호는 BP68890입니다. 더 질문하실 것 있으십니까?

G 정말 감사합니다.

C 천만에요.

Lesson 5 Procedure for paying the rate

- C : Clerk
- G : Guest

C Good Morning, reservation desk Sandra speaking. May I help you?

G Yes. I would like to book a room for tomorrow for one night please.

C One moment please. I will check the rates for you sir.

G Sure.

C We have a double room available for that date.

G That's fine.

C Can I have your name and method of my payment please.

G My name is Tom Peters and I will be using my credit card upon check-in.

C May I have your credit card number to guarantee the reservation please?

G Yes. It's a Visa card and it's 4556 8999 3456 1234. The expiration date is 09/18.

C Thank you Mr Peters. Please call us again if you have any changes to your plans. Thank you for choosing our hotel.

G Thank you.

C My pleasure.

Lesson 5 결제 방법 및 절차

C : 호텔 립세션 리스트
G : 손님

C 안녕하십니까? 예약과입니다. 어떻게 도와 드릴까요?

G 네. 내일 하루 동안 있을 방을 예약하고 싶습니다.

C 손님 잠시만 기다려 주세요. 방 가격을 확인해 보겠습니다.

G 그러지요.

C 더블룸 예약이 가능합니다.

G 네 좋습니다.

C 손님 성함과 결제 방법을 가르쳐 주십시오.

G 제 이름은 톰 피터스이며 체크인 시에 신용카드로 결제하겠습니다.

C 손님의 예약 확인을 위하여 손님의 신용카드 번호를 가르쳐 주시겠습니까?

G 네. 비자 카드이며 4556 8999 3456 1234, 카드 만료 날짜는 09/18입니다.

C 피터스씨 감사합니다. 계획 변경 시 저희에게 전화해 주시길 바라며 저희 호텔을 선택해 주셔서 감사합니다.

G 감사합니다.

C 저의 영광입니다.

Lesson 6 Confirming the reservation

- C : Clerk
- G : Guest

C Hello, Reservation Victoria Speaking. What can I do for you?

G Yes. Victoria, I would like to confirm a reservation with you.

C Sure. I can help you with that. What will be the name under?

G My name is Maria Spanks.

C Thank you Ms Spanks. Wait a minute please while I search for your reservation. I am sorry to have kept you waiting. Your confirmation number is AB08765 and arriving March 6th for 2 nights with us in a King suite room.

G Yes. That's correct.

C Is there anything else I can do for you?

G Thank you very much.

C Thank you.

Lesson 6 예약 확인 상황

- C : 호텔 립세션 리스트
- G : 손님

C 안녕하십니까. 예약과 빅토리아입니다. 무엇을 도와 드릴까요?

G 네 빅토리아씨. 예약 확인을 하고 싶습니다.

C 네 제가 도와 드리겠습니다. 어떤 이름으로 되셨습니까?

G 저의 이름은 마리아 스팽크스입니다.

C 감사합니다. 스팽크씨. 예약을 찾을 동안 잠시만 기다려 주십시오. 기다리게 해서 죄송합니다. 손님의 예약번호는 AB08765이며 3월 6일로부터 이틀 동안 킹스위트 룸으로 예약되어 있으십니다.

G 네 맞습니다.

C 더 제가 도와 드릴 일이 있습니까?

G 대단히 감사합니다.

Lesson 7 Remaking Reservation due to a mistake

- C : Clerk
- G : Guest

C Good Afternoon, This is the reservation desk. How can I assist you?

G My name is Peter Smith and I have reservation at your hotel on November 21st for 2 nights.

C Sure Mr Smith. I am happy to assist you with that. Please hold on line while I search for your reservation.

G Sure I will do that.

C Mr Smith, I don't have any reservation listed under your name. When did you make the reservation?

G I made a reservation about 2 weeks ago.

C I'm afraid there must be a mistake. But I'm happy to re-book your reservation.

G Okay, thank you.

C I've arranged new reservation arriving November 21st for 2 night under the name of Mr. Peter Smith. That's a single room facing the city view on the 15th floor.

G Thank you. It's very kind of you.

C Once again, we apologize for the mistake Mr. Smith. Have a great day.

Lesson 7 실수로 인한 예약 다시 만드는 상황

- C : 호텔 립세션 리스트
- G : 손님

C 안녕하십니까? 예약 부서입니다. 어떻게 도와 드릴까요

G 제 이름은 피터 스미스입니다. 11월 21일부터 이틀 동안 호텔방을 예약했는데 확인하고 싶습니다.

C 알겠습니다. 스미스씨. 제가 도와 드리게 되어 기쁩니다. 제가 예약 확인을 하는 동안 잠시만 기다려 주십시오.

G 네 그러지요.

C 스미스씨 이름으로 예약되어 있는 방을 찾지 못하고 있습니다. 언제 예약하셨습니까?

G 2주전 쯤에 예약했습니다.

C 안타깝게도 예약에 문제가 있는듯 싶습니다. 그러나 제가 다시 예약을 해드리겠습니다.

G 알겠습니다. 감사합니다.

C 피터 스미스씨 이름으로 11월 21일날 도착하셔서 이틀 동안 계실 방을 다시 예약 했습니다. 싱글룸이며 시내 전망을 가지고 있는 15층으로 했습니다.

G 감사합니다. 매우 친절하시군요.

C 다시 한 번 저희의 실수에 대해서 죄송합니다. 좋은 하루 되세요.

Lesson 8 Asking to mail a letter

C : Clerk
G : Guest

C Good Morning. What can I do for you?

G Could you please help me sending these post cards to Germany?

C Certainly. How many post cards are you sending ma'am.

G I have five post cards.

C Okay. It will be 5 dollars for all.

G How long will it take to get there?

C It takes about a week.

G Okay. Bye.

C Bye.

Lesson 8 편지를 보내는 상황 시

- C : 호텔 립세션 리스트
- G : 손님

C 안녕하십니까? 무엇을 도와 드릴까요?

G 이 엽서들을 독일로 보내는데 도와주시겠습니까?

C 물론입니다. 손님께선 몇 장의 엽서를 보내시는 겁니까?

G 5장의 엽서가 있습니다.

C 네. 모두 다 해서 5 달러입니다.

G 도착하는데 얼마나 걸립니까?

C 주로 일주일 걸립니다.

G 알겠습니다. 안녕히 계세요.

C 안녕히 가세요.

Lesson 9 Asking to make photocopies

C : Clerk
G : Guest

C Good Afternoon. What can I do to help?

G I would like to copy these documents please.

C Certainly, Sir. Please hand it over to me.

G Here you are. I would like to make 20 copies for page 15 and 25 copies for page 25 please.

C No Problem. It will take about 10 minutes. Shall I bring the documents to your room?

G Yes please and please charge to the room.

C Yes Sir. May I have your room number please?

G Room number is 2401.

C Thank you. I will have it delivered to your room shortly.

Lesson 9 복사를 부탁하는 상황 시

- C : 호텔 립세션 리스트
- G : 손님

C 안녕하십니까? 제가 무엇을 도와 드릴 수 있습니까?

G 이 서류들을 복사해주시길 바랍니다.

C 물론입니다. 손님. 저에게 주십시오.

G 여기 있습니다. 페이지 15에선 20장을, 페이지 25에선 25장을 복사해주시길 바랍니다.

C 문제 없습니다. 약 10분 정도 소요됩니다. 방으로 가져다 드릴까요?

G 네 그래주세요 그리고 방으로 결제해 주세요.

C 네 손님. 방 번호를 주시겠습니까?

G 2401호입니다.

C 감사합니다. 곧 방으로 가져다 드리겠습니다.

Chapter 5

Hotel Situation (Casino Department)

Lesson 1 Before entering a Casino

[Entrance]

All customers must pass a Casino entrance when they wish to play at the casino.

1 Passport control in Casino.

2 Please prepare the passport.

3 If you have the passport, please present it to me.

4 Here is only for foreign customer.

5 Korean can'tenter our casino that is the rule by Korean government.

6 Under age of 19 years can't enter our casino

7 You are not old enough to enter the Casino

8 It is not possible to find your guest. Please make an appointment before finding the guest.

9 If you don't have passport, entering the Casino is forbidden.

10 Do you have other identifications? do you have our membership card?

11 Please do not disturb the entrance.

12 Please enter the Casino.

13 You can't enter the Casino because your visa has expired.

14 Please do not run in this area.

15 I'm kindly asking you. What is your age?

Lesson 1 카지노에 들어가면서

[입구에서]

입구와 출구는 모든 고객들이 반드시 거쳐야 하는 곳입니다.

1 여권 보여주세요.

2 여권을 부탁드립니다.

3 저에게 여권을 보여주세요.

4 여기는 외국인 전용 업소입니다.

5 한국 사람은 입장하실 수 없습니다. 법으로 정해져 있습니다.

6 아이들은 (만 19세 미만) 입장할 수 없습니다.

7 너무 어려서 들어갈 수 없습니다.

8 손님을 찾아 드릴 수 없습니다. 미리 시간 약속을 해 주십시오.

9 죄송하지만, 여권을 가지고 오셔야 합니다.

10 다른 신분증은 없습니까? / 회원카드를 가지고 계십니까?

11 죄송하지만 입구를 막지 말아 주세요.

12 안으로 입장해 주세요.

13 비자기간이 너무 많이 지나서 입장이 안 됩니다.

14 뛰지 마세요.

15 (나이가) 몇 살입니까?

Lesson 2 In the Check room

1 Please keep your camera here.

2 Please keep your camera with camera bag.

3 Please take off your cap and long coat.

4 It is possible to keep it to yourself. / it is not possible to keep it to yourself.

5 It is possible to check your luggage.

6 Women are fine for our casino.

7 We can't accept man who wears slipper and sleeveless.

8 Please leave us an umbrella, plastic and shopping bags. We can take care of your belongings.

9 Can we check your goods together?

10 Please have your large baggage here.

11 Do you want to call your hotel room?

12 Please press number 8 first and then dial your hotel room number.

13 What kind of luggages did you give us? Please give me the passport.

14 For our process, we need to copy your passport.

15 We need your signature here!

16 Are you missing some of your goods? What kinds of goods did you lose?

17 We are afraid we still don't your goods.

18 Don't you have luggage tag? / can you try to find your luggage tag again?

19 Didn't you receive luggage tag?

20 One my group member has taken the stuff.

21 One your group member has already taken your stuff.

22 Is it yours?

Lesson 2 체크 룸에서 (휴대품 보관소)

1 카메라는 여기에 맡겨 주세요.

2 카메라 가방 전체를 맡겨 주시기 바랍니다.

3 모자, 긴 코트는 벗어 주세요.

4 그것은 들고 들어가셔도 됩니다. / 안됩니다.

5 그것도 맡길 수 있습니다.

6 여자분은 괜찮습니다.

7 남자분 슬리퍼, 슬리브리스는 안 됩니다.

8 우산, 비닐봉투, 쇼핑백은 맡겨 주세요.

9 같이 맡아 드려도 되겠습니까?

10 큰 짐은 맡겨 주세요.

11 호텔 방으로 전화하시겠습니까?

12 8번을 누르고 방 번호(교환번호)를 누르시면 됩니다.

13 어떤 물건을 맡기셨습니까? / 여권을 부탁드립니다.

14 절차상 여권 카피를 한 장 하겠습니다.

15 여기에 서명을 해 주세요.

16 물건을 잃어버리셨어요? / 무엇을 잃어버리셨나요?

17 죄송합니다. 아직 습득된 것이 없습니다.

18 보관표가 없으십니까? / 다시 찾아봐 주시겠어요?

19 표를 안 받으셨나요?

20 동행이신 분이 갖고 계실 겁니다.

21 일행이 찾아 가셨습니다.

22 이것이 당신의 것입니까?

Lesson 3 Others in the Casino

1 Exchange booth is in the Casino.

2 Please give your voucher to dealer who plays game on a table.

3 If you wish to find toilet or telephone booth, you should turn right and then go straight ahead.

4 It is not allowed to bring the cup from here to outside.

5 Please ask information desk which is on the opposite side.

6 Our office is behind the slot machine.

7 Is there person who speak English?

8 Travel agency is in the office.

9 The show is on the opposite side.

10 Duty free shop, restaurant and bar will open from 00:00 and close at 00:00.

11 There is a shuttle bus leaving every ○○ minutes.

12 Who is your tour guide?

Lesson 3 기타 안내

1 환전소는 안쪽에 있습니다.

2 쿠폰은 게임 테이블에서 딜러에게 주십시오.

3 화장실 (공중전화)는 오른쪽으로 돌아서 쭉 들어가면 있습니다.

4 컵은 들고 나갈 수가 없습니다.

5 저쪽 (맞은 편) 안내 데스크에서 물어봐 주세요.

6 사무실은 슬롯머신 뒤편에 있습니다.

7 영어하시는 분 계십니까?

8 여행사는 사무실 안에 있습니다.

9 쇼는 맞은편으로 가셔야 합니다.

10 면세점, 식당, 바는 00시부터 00시까지입니다.

11 ○○행 셔틀버스가 00 간격으로 있습니다.

12 여러분의 가이드는 누구입니까?

Lesson 4 Beverage service in casino

Normally beverage service in casino serves at the Casino bar and Casino game table. It's time to study casino beverage service situation.

[Assigned seat and service information situation]

1 Please wait over there until the reservation.

2 Could you wait a little bit because it is fully booked now.

3 How many people are you? / Who made the reservation?

4 Please follow me. I will serve you.

5 Please have seat here.

6 This place is non-smoking area. / This place is smoking area.

7 This table is already reserved.

8 We don't have empty seat at the moment.

9 Is it possible to join your table?

10 Self bar is over there. This place doesn't need to give tip for staff.

11 If you have finished your meal, why don't you move to other table for cup of tea?

12 If we have other table available, we will change table for you.

13 Please seat there. This table is only for dining guests.

14 Unfortunately, this table is reserved. We cannot serve you here. Please move to other table. I apologies for inconvenience.

Lesson 4 음료 서비스 할 때

음료 서비스는 주로 바, 혹은 게임 테이블에서 이루어집니다.
주로 많이 사용하는 단어를 위주로 알아볼까요?

[자리 배정 및 안내]

1 예약해 드리겠으니, 저쪽에서 잠시만 기다려 주십시오.

2 지금 만석이니 잠시만 기다려 주십시오.

3 몇 분이십니까?
어느 분이십니까?

4 이쪽으로 앉으십시오.

5 이 테이블은 금연입니다.

6 식사 테이블은 금연입니다. / 흡연 테이블입니다.

7 (이 테이블은) 예약석입니다.

8 빈 좌석이 없습니다.

9 합석해도 괜찮으십니까?

10 저쪽에 셀프 바가 있습니다. 팁이 필요 없는 곳입니다.

11 만일 다 드셨으면, 테이블을 옮겨서 차 드세요.

12 만일 빈자리가 있으면, 자리를 바꿔드리겠습니다.

13 저쪽에 앉아주세요. / 식사테이블은 저쪽입니다.

14 죄송하지만 이 자리는 예약되어 있어서 서비스 제공이 힘들 것 같습니다. 번거로우시겠지만, 테이블을 바꿔 주시겠습니까?

Lesson 5. Getting order from guest / after finishing meal

1 Are you ready to order?

2 What do you want to order sir / madam? / Did you place an order?

3 What do you want to have sir / madam? / What kinds of drinks, do you want?

4 It will probably take 5 minutes.

5 It will be ready soon.

6 Sorry for the long wait time.

7 If so, allow me to take your dishes? / Are you finished? / how was the meal?

8 We can only offer fruits to Midi baccarat table.

9 Would you like some tea or soft drink?

10 Here is the menu sir / madam

11 I'll bring it to you soon. I will prepare it soon.

12 How would you like your coffee? Do you want sugar and milk?

13 It's going to take 00 minutes.

14 (When a customer orders black tea or ginseng tea.) The tea contains sugar.

15 Sorry. I will bring it back again

16 Where is the game table?

17 Are you going to order when you play the game?

Lesson 5 주문받기 / 치우기

1 식사 주문하시겠습니까?

2 무엇을 원하십니까? / 주문하셨습니까?

3 식사는 무엇으로 하시겠습니까? / 음료는 무엇으로 하시겠습니까?

4 5분 정도 걸립니다.

5 금방 나옵니다.

6 죄송합니다, 오래 기다리셨습니다.

7 치워도 되겠습니까? / 다 드셨습니까? / 맛있었습니까?

8 죄송합니다. 저희는 미디바카라에만 과일을 제공하고 있습니다.

9 음료(차) 한잔 하시겠습니까?

10 메뉴판은 드리겠습니다.

11 곧 가져다 드리겠습니다. / 곧 준비하겠습니다.

12 커피는 어떻게 드릴까요? 설탕과 우유를 넣을까요?

13 ~분 정도 걸립니다.

14 (홍차, 인삼차 시킬 때) (설탕) 넣었습니다.

15 다시 갖다 드리겠습니다.

16 (게임하고 있는) 테이블은 어디입니까?

17 게임 테이블에서 주문하셨습니까? (게임을 하시는 중에 주문하시겠습니까?)

Lesson 6 To serve the casino min bar (self bar)

1 If you don't mind, please use self bar (mini bar).

2 It is already fully booked, please use mini bar.

3 This is a reservation table. Please use mini bar over there.

4 We offer soft drink in self bar too.

5 You can use mini bar yourself; due to the fact there is no service charge.

6 Please don't take it from here. / After using cups, please put here.

7 Please use new cup here.

8 Please throw trash away.

9 Please push the vending machine.

Lesson 6 미니바 안내

1 저쪽에 있는 셀프 바(미니바)를 이용하여 주십시오.

2 자리가 없으니 미니바를 이용해 주십시오. / 자리가 없습니다.

3 이쪽은 예약석입니다. 저쪽에 미니바가 있으니 미니바를 이용해 주세요.

4 셀프 바에도 음료가 있습니다.

5 미니바는 셀프이므로 봉사료를 받지 않습니다.

6 가지고 가지 마십시오. / 사용하신 컵은 이쪽에 놓아주세요.

7 이쪽 컵을 사용하여 주십시오.

8 저쪽 휴지통에 버려주십시오.

9 밀어주십시오. (음료기, 셀프 바에서)

Lesson 7 Direction

1 Telephone booth is near the restroom area.

2 Go straight and turn right at the corner then you will see the restroom.

3 Exchange booth is over there. That will help you for exchanging money from Korean won to American dollar

4 ○○ hotel front office is upstairs.

Lesson 7 방향 안내

1 공중전화는 화장실 입구 쪽에 있습니다.

2 화장실은 쭉 가서 오른쪽에 있습니다.

3 환전소는 저쪽 끝에 있고 한국 원을 미국 달러로 바꿀 수 있습니다.

4 환전소는 저쪽 끝에 있습니다.

5 ○○ 호텔 프런트는 위층에 있습니다.

Lesson 8 Selling a cigarette

1 Which brand of cigarettes do you want sir / madam?

How many boxes of cigarette do you want sir / madam?

2 Selling a cigarette service is not free of charge.

3 One box of cigarette is 2,500(2,000) won.

Cigarette service is pay in advance

4 All of the Cigarettes are sold out now.

5 That is already sold out.

6 That is not available at the moment.

Lesson 8 담배 판매

1 어떤 담배로 드릴까요? 어떤 담배를 원하십니까?

몇 갑을 원하십니까?

2 담배는 무료 서비스가 아닙니다. / 담배는 판매하고 있습니다.

3 담배는 2,500원(2,000원)입니다. / 선불입니다.

한 갑에 2,500원입니다.

4 담배는 매진입니다.

5 그 종류의 담배는 매진입니다.

6 그 종류의 담배는 없습니다.

Lesson 9 Telephone feature and instruction

1 This is extension telephone.

2 Please press 8 first and then press room number.

3 We offer prepaid telephone cards. We have five thousand(5,000) won and ten thousand(10,000) won cards.

4 The telephone operator number is four six four six(4646)

Lesson 9 전화 사용법

1 이것은 내선전화입니다.

2 내선은 8번을 누르고 하십시오. 방 번호를 누르면 됩니다.

3 전화카드는 5,000원과 10,000원이 있습니다.

4 교환은 4646번입니다.

Lesson 10 To order food and alcohol beverage

1 Please order alcohol beverage at the game table.

2 Please order food service at the game table.

3 Please order food to dealer when you play the Casino game.

4 Please ask dealer.

5 Our bar doesn't sell alcohol beverages.

6 Our casino bar doesn't offer alcohol beverages.

7 We serve 5 different gruels from 2:00 am to 7:00 am. That is rice gruel soup, rice gruel soup with chicken, rice gruel soup with black sesame, rice gruel soup with boiled vegetable and rice gruel soup with pine nut.

8 Rice gruel soup is offered from 2:00 am

9 You can order alcohol beverage only at the game table.

10 Food is ready for you. Please come and enjoy.

(Server need to go to customer who plays casino game.)

11 I will bring kimchi as soon as possible.

12 If you need more after eating, please call me again. I will be happy to serve you.

13 Every food is for one portion. Please order one meal for one person.

Lesson 10 식사, 주류 주문안내

1 술은 게임 테이블에서 주문해 주십시오.

2 식사는 게임 테이블에서 주문하여 주십시오.

3 식사는 게임 테이블에서 게임을 하시면서 딜러에게 주문하여 주십시오.

4 딜러에게 문의하세요.

5 바에서는 술을 팔지 않습니다.

6 바에서는 술이 제공되지 않습니다.

7 새벽 2시부터 아침 7시까지 다섯 종류의 죽이 마련되어 있는데, 흰죽, 닭죽, 검정깨죽, 야채죽, 잣죽 등이 있습니다.

8 2시부터 죽을 제공합니다.

9 술은 게임 테이블에서만 주문할 수 있습니다.

10 주문하신 식사가 준비되었으니, 바로 오셔서 드십시오.

(게임 테이블에서 가서 알리는 경우)

11 김치 갖다드리겠습니다.

12 다 드신 후에 재차 주문하여 주십시오.

13 모든 음식은 1인분이므로 한 분이 한 가지씩 주문하여 주십시오.

Lesson 11 Other casino beverage information

1 Enjoy your meal.

2 Did you finish the casino game?

3 All foods and beverages are free of charge and we usually get tip from guest.

4 Did you enjoy your meal?

Lesson 11 기타 안내

1 맛있게 드십시오.

2 게임은 끝나셨습니까?

3 음료와 식사는 전부 무료로 제공되며, 약간의 팁을 받고 있습니다.

4 맛있게 드셨습니까?

Lesson 12 To play casino game (at the game table)

1 (When customer passes the game table) would you like to play casino game?

2 Do you want to stop playing game?

3 You can buy casino chips here.

4 Do you want to buy casino chips?

5 Please be on the betting.

6 Do not be on the betting now.

7 Why don't you try betting on the game?

8 Do you need more time for betting?

9 This instruction explains game rules. Do you want to read the instruction?

10 I apologize o, please move to other area for the conversation.

Lesson 12 게임하기 (게임 테이블에서)

1 (고객이 게임 테이블로 올 때) 게임하시겠습니까?

2 게임 그만하시겠습니까?

3 칩스는 여기서 사면 됩니다.

4 칩스를 사겠습니까?

5 베팅하여 주십시오.

6 그만 베팅하여 주시기 바랍니다.

7 베팅 한번 해 보시지요.

8 (시간이) 오래 걸리시나요?

9 (게임 방법은) 이 설명서에 자세하게 설명되어 있습니다. 한번 보시겠습니까?

10 죄송합니다만, 다른 곳으로 옮겨서 이야기 하시는 것이 어떻겠습니까?

Lesson 13 Blackjack game rule

[The basic rule of black jack]

1 The winner (player or dealer) is whoever has closest to a total of 21. You reach 21 by adding up the values of the cards.

2 First of all, dealer has to give first card to right side players and then second card is to move clockwise. The Players will get two card and the players are dealt two cards face up. The dealer gets one face up, one face down.

3 If the Players need to get more card for making 21 or close to 21, the players has to say "Hit" but if the players are satisfied with their two cards, the players will say "Stay".

4 When all players have finished their actions, either decided to stand or busted, the dealer turns over the hidden cards.

5 By rules, on counts of 17 or higher the dealer must stay; on counts of 16 or lower the dealer must draw.

6 Face cards (Jacks, Queens and Kings) are worth 10 points. Aces are worth 1 or 11, whichever is preferable. Other cards are represented by their number.

7 The Players have an ace with any ten-point card. This is called a "blackjack".

8 If the dealer isn't showing an ace, 10, Jack, Queen, or King when the players gets black jack card, the players win the black jack games.

9 If the dealer is showing a ace, when the players get black jack card, the dealer has to ask "even money" or If the dealer is showing a 10, Jack, Queen, or King, when the players get black jack card, before opening the second card, the dealer doesn't need to give wining money to the players.

10 If both of them (the players and the dealer) get blackjack together, the game is draw.

11 Split means that the initial two-card hand into two and play them separately. It is allowed only when the two first cards are equal value.

12 Meaning of double down is to split the initial two-card hand into two and play them separately and then to get one more card. - allowed only when the two first cards are equal value.

13 Meaning of insurance is to be side bet up to half the initial bet against the dealer who has an ace. It will be possible to have black jack. If the dealer makes a blackjack, insurance pays at 2-1 odds, but loses if the dealer does not.

14 Meaning of Surrender is to give up the game. If the players have a bad hand compared to the dealer hand, the players will be able to give up the hand and get back half of your bet.

Lesson 13 블랙잭 규칙 설명

1 게임은 2장 이상의 카드를 뽑고, 그 합계가 21 또는 딜러 카드 합보다 많고, 21 이하에 근접한 곳에 베팅한 고객이 승리하게 된다.

2 딜러는 각각의 손님에게 우측부터 순서에 의해서 2장의 카드를 오픈해서 분배하고, 딜러는 첫 장의 카드만 오픈하고, 두 번째 카드는 첫 번째 카드 밑에 엎어서 놓는다.

3 딜러에게 승리하기 위하여 계속해서 카드를 받을 필요가 있으면 "히트"라고 말하고, 자신의 카드에 만족하여 그 이상 카드를 받을 필요가 없으면 "스테이"라고 한다.

4 각각 손님의 순서에 의해서 카드 조합이 끝나면 딜러는 자신의 숨겨진 카드를 오픈한다.

5 딜러가 16 이하를 가지고 있는 경우에는 딜러는 17 이상이 될 때까지 카드를 받아야 한다.

6 카드는 카드 숫자대로 카운팅하고, 킹, 퀸, 잭은 전부 10으로 계산하며, 에이스 카드는 1 또는 11로 상황에 따라 계산한다.

7 에이스 카드와 킹, 퀸, 잭으로 카드 2장의 합계가 21이 되었을 때 블랙잭이라고 한다.

8 손님이 블랙잭 카드를 가지고 있고, 딜러의 오픈 카드가 에이스 또는 10이 아닌 경우 손님은 블랙잭 지불을 받게 된다.

9 딜러의 오픈 카드가 에이스일 경우에는 블랙잭 카드를 가지고 계신 손님에게 이븐머니를 물어보고, 10카드라면 딜러의 2번째 카드를 오픈하기 전까지 배팅금 지불을 하지 않는다.

10 손님과 딜러가 같은 블랙잭이면 비기게 된다.

11 스플릿이라는 것은 처음 2장의 카드가 같은 숫자일 경우 2개 핸드로 분리할 수가 있다. 이때에는 원래 베팅금과 같은 베팅금을 걸지 않으면 안 된다.

12 더블다운이라는 것은 처음 분배한 2장의 카드를 보고 승산이 있다고 생각될 경우 처음 베팅금과 같은 금액을 걸고 추가로 한 장을 받는 것이다.

13 인슈런스라는 것은 딜러의 오픈 카드가 에이스로 블랙잭이 될 가능성이 클 경우에 손실을 줄이기 위하여 별도로 베팅금의 절반 이하까지 거는 것이다. 딜러가 블랙잭이 되면 원 베팅은 잃게 되지만, 보험금은 당첨되어 2배를 받기 때문에 결국 원래대로 된다. 만일 딜러가 블랙잭이 되지 않으면 보험금은 잃게 되지만 처음 베팅금으로 승부가 계속된다.

14 서렌더라는 것은 처음 분배한 2장의 카드 합계를 보고 승산이 없다고 생각될 경우 히트 또는 스테이 하기 전에 베팅금 절반을 딜러에게 지불하고, 그 게임을 포기하여 손실을 줄이는 것이다.

Lesson 14 Steam of blackjack game

1 Bets down, please.

2 No more bet, please.

3 Please do not touch the card.

4 If you are not playing the game, Please yield the seat.

5 Each game table has different maximum and minimum bets.

6 This table is available from minimum fifty thousand won to maximum three hundred thousand won.

7 Do you want to bet more?

8 Betting is done. No one can bet now. All chips have been on the circle and until finishing the game, please do not touch the chips that are on the circle.

9 Please decide to Hit or Stay.

10 Tap the table with the players' finger, if the player wish to decide "Hit".

11 If the players wish to decide "stay", wave your hand horizontally, palm down.

12 After getting the cards, the players can't bet again.

13 If one person plays the blackjack, the person has to do two hand betting.

14 I'm doing shuffle now. Please wait a little bit.

15 Insurance

① When the dealer's face-up card is an ace, the players can decide insurance.

② The insurance betting has to be half of your original bet.

③ If the dealer has 21 number, winning insurance bet will be paid at odds of 2:1.

16 Double down

① The players will be able to split the initial two-card hand into two and play them separately.

② It must be same as original bet. Also the players only can get one more card.

③ The best number for deciding double down is ten or eleven of total card number.

17 SPLIT

① When the player gets two starting cards of the same face value, the players have the option to split the hand in two.

② Also the players can split 3 times. Even though the player gets same card in second hand, the players can't decide split after finishing first hand.

18 Even Money

① When the player and the dealer have blackjack and Ace card showing, the players can request even money before opening the dealer's face down card.

② The players wish to avoid draw from the dealers.

Lesson 14 블랙잭 게임 흐름

1 베팅을 해주세요.

2 더 이상 베팅을 하실 수 없으십니다.

3 카트 만지지 마세요.

4 게임하지 않는 분은 자리를 양보해 주십시오.

5 각 테이블에 따라서 미니멈과 맥시멈이 있습니다.

6 이 테이블이 미니멈은 5만원부터 맥시멈 30만원까지입니다.

7 더 베팅하시지 않겠습니까?

8 베팅이 끝났습니다. 칩은 이 원 안에 걸어 주시고, 일단 베팅한 칩에는 게임이 끝날 때까지 손대지 말아 주십시오.

9 Hit 또는 STAY를 수신호하여 주십시오.

10 HIT일 때는 손가락으로 테이블을 가볍게 치십시오.

11 STAY일 때는 손을 흔들어 주십시오.

12 카드가 나오면 다시 베팅할 수 없습니다.

13 한 사람이 게임을 할 때는 TWO HAND를 베팅하여야 합니다.

14 지금 셔플을 하고 있습니다. 잠시 기다려 주십시오.

15 INSURANCE

① 딜러가 오픈 카드를 A로 가지고 있을 경우, 플레이어는 INSURANCE 할 것을 선택할 수 있습니다.

② INSURANCE BET의 금액은 ORIGINAL BET의 절반을 초과할 수 없습니다.

③ 만일 딜러의 두 장의 카드가 21인 경우, INSURANCE BET은 2배를 받게 됩니다.

16 DOUBLE DOWN

① 플레이어가 최초 두 장의 카드를 받았을 때, 더블다운할 수 있습니다.

② 그 금액은 반드시 오리지널 베트와 같아야 합니다.
또한 한 장만 받을 수 있습니다.

③ 제일 좋은 기회는 자신의 카드의 합이 10이거나 11일 때입니다.

17 SPLIT

① 플레이어가 처음 받은 두 장의 카드가 같은 숫자일 때,
그것을 두 개의 핸드로 나누어 게임할 수 있습니다.

② 3회까지만 나눌 수 있습니다. 그러나 첫 번째 핸드를 종료하고 난 후에, 두 번째 핸드에서 같은 숫자가 나왔을 경우, SPLIT 할 수 없습니다.

18 EVEN MONEY

① 플레이어가 블랙잭이고 딜러의 오픈 카드가 A일 경우 딜러가 카드를 뒤집기 전에 플레이어는 이븐머니를 요구할 수 있습니다.

② 이것은 딜러가 블랙잭이 되어 플레이어와 무승부가 되는 상황을 피하기 위해서입니다.

Lesson 15 Rules for Roulette

1 The divisions around the wheel are number from 1to 36 and there are 2 more numbers that are 0 and 00.

2 There are red and black division odd and even number. Also there are a green division numbered 0 and 00.

3 Colour of roulette is exactly same as colour of roulette wheel.

4 The dealer has to alternate between spinning the ball in a clockwise and anti-clockwise direction.

5 For the betting the roulette, the players can bet the chips until the dealer has announce "no more betting". Normally when the roulette ball is beginning to slow down, the dealer can be announce "no more betting".

6 When a winning number and colour are determined by the roulette wheel, the players who win the game will be able to get winning bets.

7 If the players win the Straight bets, the dealer has to give the players a payout of thirty five times the initial bets of the players.

8 Split bets give the players a payout of seventeen times the initial bets of the players.

9 Street bets give the players a payout of eleven times the initial bets of the players.

10 Corner bets give the players a payout of eight times the initial bets of the players.

11 Five number bets give the players a payout of six times the initial bets of the players.

12 Six number bets give the players a payout of five times the initial bets of the players.

13 Dozen bets give the players a payout of two times the initial bets of the players.

14 Column bets give the players a payout of two times the initial bets of the players.

15 High and low bets give the players a payout of one time the initial bets of the players.

16 Even and odd bets give the players a payout of one time the initial bets of the players.

17 Red and black bets give the players a payout of one time the initial bets of the players.

Lesson 15 룰렛 규칙 설명

1 룰렛 휠에는 1부터 36까지 0과 00이 기록되어 있습니다.

2 숫자는 빨강색과 검정색, 그리고 0과 00은 녹색으로 채색되어 있습니다.

3 룰렛 테이블에서는 룰렛 휠과 같은 색과 숫자가 적혀 있습니다.

4 딜러는 먼저 휠을 우측으로 돌린 다음 볼을 반대방향으로 돌립니다.

5 베팅은 볼이 떨어지기 전에 딜러가 NO MORE BETTING이라고 말할 때까지 걸 수 있습니다.

6 회전시킨 볼이 홀에 떨어져 들어간 숫자와 색깔이 당첨 번호가 되고, 베팅금은 배당률에 따라 지불합니다.

7 스트레이트 베팅 지불은 35배입니다.

8 스플릿 베팅 지불은 17배입니다.

9 스트리트 베팅 지불은 11배입니다.

10 코너 베팅 지불은 8배입니다.

11 파이브 넘버 베팅 지불은 6배입니다.

12 식스 넘버 베팅 지불은 5배입니다.

13 다즌 베팅 지불은 2배입니다.

14 칼럼 베팅 지불은 2배입니다.

15 하이 · 로우 베팅 지불은 1배입니다.

16 이븐 · 오드 베팅지불은 1배입니다.

17 레드 · 블랙 베팅 지불은 1배입니다.

Lesson 16 Stream of roulette game (before starting game)

- D : Dealer
- C : Customer

D The players cannot be seated, if they don't play the roulette game.

C It's my first time playing roulette game. How can I play the roulette game?

D First of all, please exchange your money to roulette chips.

C Where can I exchange the chips?

D The dealer who plays the roulette on the roulette table is available to exchange the chips to the players.

C How can I bet the roulette game?

D Firstly, you have to decide number for betting chips and if you win the game, you can get winning money; however dividends will be different wherever you bet.

Lesson 16 룰렛 게임의 흐름 (게임을 시작하기 전)

- D : 딜러
- C : 손님

D 게임하지 않는 사람은 앉을 수 없습니다.

C 카지노 게임이 처음입니다만, 어떻게 하면 됩니까?

D 네, 먼저 가지고 계신 돈을 칩으로 교환하십시오.

C 그러면, 칩은 어디서 살 수 있습니까?

D 칩은 테이블에서 사실 수 있습니다.

C 베팅은 어떻게 하면 됩니까?

D 여기에 쓰여 있는 번호 위에 거시고, 만일 손님께서 거신 번호가 당첨되면 딜러는 베팅한 종류에 따라 배당금을 지불합니다.

Lesson 17 Stream of roulette game (To start roulette game)

D : Dealer
C : Customer

C I want to exchange from one million won to chips.

D Ok! Do you want to exchange all play chips?

C No, I need eight hundred thousand won for money chips and two hundred thousand won for play chips. I wish to bet number twelve, twenty and red colour.

D Please bet the roulette until the ball begins to slow down.
The roulette ball is beginning to slow down. Please “no more betting”.
The winning number is 13 which is odd number and black colour.

Lesson 17 룰렛 게임의 흐름 (게임을 시작)

- D : 딜러
- C : 손님

C 이 100만원을 칩으로 교환하고 싶습니다.

D 잘 알겠습니다. 전부 플레이칩으로 하시겠습니까?

C 아니오, 80만원은 머니칩으로, 나머지는 플레이칩으로 해주십시오. 나는 12번과 20번에, 그리고 빨강색에 베팅하겠습니다.

D 볼이 떨어지기 전에 베팅하여 주십시오.
볼이 떨어집니다. 이제 걸 수 없습니다.
13번, 검정과 홀수가 당첨되었습니다.

Lesson 18 Other roulette English

1 The roulette play chips can only use at this table. You can't use on other table.

2 Please exchange play chips when you move to other place for playing games.

3 That place you cannot bet. On that place, please bet here.

4 Betting the chips on the roulette like you, it is going to be a nothing.

5 This and that place is exactly same multiple.

6 One out of thirty sixths

7 red / black, odd / even

8 Congratulation! You won the game.

9 This chip is two thousand five hundred won.

10 When you start the game, it will be good if you buy twenty chips and price is around fifty thousand won.

11 On the roulette table, one person only can use one colour of chips.
It's not possible to share one colour of chips with more than 2 people.

12 If other players don't use your favorite colour, you can choose your favorite colour for playing game.

13 If one player puts on the betting the chips outside, you have to bet your chips next to other player's chips.

14 If one player puts on the betting the chips inside, you have to bet your chips on the other player's chips.

15 (After betting the chips) Please do not touch the chips.

16 Please be careful to put on the roulette chips.

17 Sorry sir/madam. This table is not available to be seated.

18 Why don't you watch the players who were playing the game first?

19 Sorry. We are out of souvenirs. Please go to next to table to get souvenirs.

20 If you exchange chips more than fifty thousand won, we will offer free souvenirs.

21 Does every chips are same price?

22 We separate different colours of chips for the players' convenience.

Lesson 18 룰렛에 필요한 영어

1 룰렛의 플레이 칩스는 단지 해당 테이블에서만 사용할 수 있고, 다른 테이블에서는 사용할 수 없습니다.

2 테이블을 떠나기 전에, 칩스를 바꿔 주십시오.

3 그곳은 베팅할 수 없습니다. 여기에 베팅하여 주십시오.

4 그렇게 베팅하면 의미가 없습니다.

5 이곳과 저곳은 같은 배수입니다.

6 36분의 1

7 붉은색 / 검은색, 홀수 / 짝수

8 맞추셨습니다. 축하합니다!

9 이 칩스는 2,500원입니다.

10 게임을 시작할 때는 우선 20개 정도 사는 것이 좋고, 5만원입니다.

11 한 사람은 한 가지 색의 칩스만 사용할 수 있습니다.
같은 색의 칩스로 여러 사람이 사용할 수 없습니다.

12 다른 사람이 사용하고 있지 않다면, 좋아하는 색의 칩스를 골라서 플레이 할 수 있습니다.

13 (어떤 곳에 이미 다른 사람이 베팅하였을 때, 그 위치가 아웃사이드라면) 칩스를 옆에다 베팅하셔야 합니다.

14 (그곳이 인사이드라면) 칩스를 다른 사람의 칩스 위에다가 베팅하십시오.

15 (베팅이 끝나고 나면) 칩스를 다시 만지지 마십시오.

16 베팅하는 위치에 주의하여 주십시오.

17 죄송합니다. 이 테이블에는 자리가 없습니다.

18 우선 다른 사람이 게임하는 것을 보고 하는 것이 어떨까요?

19 죄송합니다. 여기는 기념품이 다 떨어졌습니다. 옆 테이블에서 교환하시지요.

20 5만원을 사셔야 기념품을 드립니다.

21 룰렛에서 플레이 칩스는 전부 가격이 같습니까?

22 어느 것이 손님 것인지 구별하기 위하여 색으로 분류하였습니다.

Lesson 19 Rules of baccarat game

1 Baccarat's the highest point value is 9 and it is a simple game with only three types of bets that are the banker, the players and the tie. The game is also to get a hand totaling as close to nine as possible without going over. If the players win the game, the dealer has to give the players a payout of one times the initial bets of the players

2 If the banker wins the game, the player who bets on the banker will be charged 5% of commission. If the players bet on tie hand, the payout is eight times of the amount the players bet. At that time both banker and player draw game.

3 Baccarat cards are given point values as follows : ACE = 1 and card number 10, king queen and jack card = 0.

4 The card is split based on Baccarat game rules and when the first starting the game, the player has to be split four different cards.

5 If the banker and the player hand have a total of 8 or 9, then it is called a 'Natural' and no more cards are dealt. If the banker and the player hand don't have a natural number like six or seven, they have to compare their number of cards.

6 If the player's total is 6 or 7, it will call stand on. At that time the player doesn't need to get one more card. If the banker's total is 5 or less than 5 like 1, 2, 3, 4, the banker draws a third card.

Lesson 19 바카라 게임 규칙 설명

1 바카라 게임은 9가 최고이며, 손님은 뱅커측과 플레이어측, 타이 중, 어느 쪽이라도 좋아하는 곳에 베팅할 수가 있다. 그리고 9 또는 9에 가까운 쪽이 승리하게 된다. 지불은 원 베팅의 1배를 지불한다.

2 뱅커측이 승리했을 경우에는 5%의 커미션을 뗀다. 타이가 되었을 경우에는 타이 핸드에 건 베팅에 8배를 지불하게 되지만, 플레이어측과 뱅커측은 무승부가 된다.

3 모든 카드는 카드의 숫자대로 계산한다. 에이스는 1로, 10과 킹, 퀸, 잭은 0으로 계산한다.

4 카드는 정해진 규칙에 의해서 배분된다. 게임은 처음 4장의 카드를 번갈아 배분하면서부터 시작된다. 첫 번째는 플레이어 먼저 배분한다.

5 뱅커측과 플레이어측 중 어느 한쪽이라도 두 장의 카드 합계가 8 또는 9의 경우에는 내추럴이라고 말하고 그 이상 카드는 배분되지 않는다. 양쪽 모두 두 장의 카드 합계가 6 또는 7이 나왔을 경우에는 그 숫자로 승부한다.

6 플레이어 두 장의 합계가 6 또는 7의 경우는 스텐존으로 추가 카드를 받지 않지만, 만일 뱅커 카드 합이 1·2·3·4·5의 경우에는 추가로 카드 한 장을 더 받게 된다.

Lesson 20 To play Baccarat

- D : Dealer
- C : Customer

C How can the players bet the Baccarat game?

D Baccarat game has different pairs that are the player, the banker and the tie and play begins by all players betting either on the "the player", "the banker", or the tie.

C Ok. Is it correct to bet the game?

D Actually it is not correct. Please base your bet on.

C Ok I understand.

D The player gets natural eight and the banker get number five. The player wins the game.

C How much can the players bet the maximum of this baccarat game?

D Yes, baccarat difference is ten million won. Do you want to play the baccarat game?

C Yes I will. I will bet on the banker pair.

D The player gets stand on six and the banker gets natural 9. The banker wins the game.

C Please give me the chip quickly.

D I'm really sorry. I have to check the chips again because of deducting commission

C What is the commission?

D Actually the bankers have advantage when they play the baccarat game so if the banker wins the game, the player who bets on the banker will be charged 5% of commission.

Lesson 20 바카라 게임 시작

- D : 딜러
- C : 손님

C 바카라 게임 베팅은 어떻게 걸면 됩니까?

D 바카라 게임에는 플레이어측, 뱅커측, 타이 핸드가 있는데, 어느 쪽이나 좋아하시는 곳에 베팅하시면 됩니다.

C 알겠습니다. 베팅은 이렇게 하면 됩니까?

D 아닙니다. 베팅은 이 베이스 안에 해 주십시오.

C 알겠습니다.

D 플레이어 내출럴 8, 뱅커 5 플레이어 승리입니다.

C 이 테이블은 최대 얼마까지입니까?

D 네, 디퍼런스 1,000만원까지입니다. 게임하시겠습니까?

C 알겠습니다. 나는 뱅커에 걸겠습니다.

D 플레이어 스텐존 6, 뱅커 내추럴 9 뱅커 승리입니다.

C 빨리 칩을 주세요.

D 죄송합니다만, 커미션을 떼기 위하여 칩을 한번 확인하겠습니다.

C 커미션이 무엇이죠?

D 바카라 게임은 뱅커측이 약간 유리하게 되어 있기 때문에 승리했을 경우에는 5%의 커미션을 떼게 되어 있습니다.

Lesson 21 Other baccarat practical English

1 Minimum of this baccarat table is three hundred thousand won.

2 Two players can't play the game in same seat, when they play side bets.

3 Only the player can see the player's baccarat card other players can't, when two players wish to see same card only in the midi baccarat.

4 Please bet the baccarat game after finishing all play.

5 This baccarat table doesn't have the banker's commission except when the banker wins the game with number six. At that time, the banker will be able to get 50% commission.

Lesson 21 바카라 실무 영어

1 이 테이블은 최저 30만원부터 베팅할 수 있습니다.

2 한 자리에서 두 명이 게임할 수 없습니다. (사이드 벳을 하려고 할 경우)

3 한 사람만이 카드를 볼 수 있습니다. 다른 사람은 안 됩니다. (미디 바카라에서 두 명이 카드를 같이 보려고 할 경우)

4 PAY가 다 끝나고 난 후에 베팅하여 주십시오.

5 이 테이블은 커미션이 없습니다. 하지만 BANKER가 6으로 이기면 50%의 커미션을 받습니다.

Lesson 22 Slot machine

1 I will explain how you can play slot machine.

2 This slot machine only accepts ten thousand won note.

3 If you want to play slot machine, please insert notes and then press button.

4 When the coin has stuck in slot machine, you can't payout coins.

5 Slot machine is fixed. You should not have any more problems.

6 If you see the rule of slot machines, it needs three coins.

7 The payout of slot machine is correct.

Lesson 22 슬롯머신

1 제가 설명해 드리겠습니다.

2 이 기계는 10,000원짜리 지폐를 사용하실 수 있습니다.

3 지폐를 이곳에 넣고 버튼을 누르면 게임이 시작됩니다.

4 기계에 동전이 걸려서 나오지 않았습니다.

5 이제는 이상이 없을 것입니다. 계속 게임하셔도 됩니다.

6 이 시상표를 보시면 동전을 세 개 넣어야만 해당이 됩니다.

7 지금 나온 금액이 맞습니다.

Lesson 23 Exchange booth

1 Please stand in line.

2 Please exchange chips on the game table.

3 I want to exchange from play chips to table money chips.

4 Please show me your passport sir / madam.

5 Do you have a receipt?

6 Sorry for that. Please exchange money at the airport bank.

7 Please write down your name in English.

8 When did you enter Korea (country)?

9 Please write down your signature here.

10 Please exchange coins over there.

11 Would you like to exchange check or cash?

12 Please exchange this check at the bank tellers.

13 Please change over there.

14 How much would you like to exchange.

15 Unfortunately the card is not working. Do you have any other card?

16 Today exchange rate is __________.

17 If you want to exchange US dollar, there is three percent commission out of total amount.

18 Please write down your name in English, passport number and date in Korea.

19 We need a receipt and your passport.

20 After exchanging money, please bring your receipt.

21 Please exchange chips on the table directly.

22 How much did you exchange money from the game table?

23 Notes are available here.

24 Please exchange chips first and then exchange money.

25 Please exchange money in a bank.

26 We can exchange Hong Kong dollars and Chinese Yuan with yesterday's receipt. We only offer US dollars.

27 Please change vouchers on a game table.

28 If you want to exchange check, please show me your passport sir/madam.

29 Please try later.

30 We can't make an inquiry for your check. Please come again during the bank's opening hours.

31 You can use cards from 9:00 am to 10:00 pm except HANBIT CARD.

32 Please show me your picture identification.

33 We can't exchange Hong Kong dollars and Chinese Yuan from cards.

34 We only accept US dollars and Korean won.

35 000 Us dollar is 000 Korean won.

36 When you exchange money from Chinese Yuan to Korean won, it can be re-exchange at the same day only. Only US dollars can be exchanged on next day.

37 Please count the money.

Lesson 23 환전소에서

1 줄을 서주세요.

2 칩스는 테이블에서 사세요.

3 플레이 칩스는 게임하던 테이블에서 머니 칩스로 바꾸세요.

4 여권 주세요. (여권 있습니까?)

5 영수증 있습니까?

6 죄송합니다. 공항 은행에서 바꾸세요.

7 영문이름을 써 주세요.

8 언제 입국 하셨습니까?

9 사인해 주세요.

10 동전은 저쪽의(머신) 창구에서 바꾸세요.

11 수표로 드릴까요, 현금으로 드릴까요?

12 이 수표는 출납에서 바꾸세요.

13 저쪽에서 바꿔 주십시오.

14 얼마를 드릴까요?

15 죄송합니다. 다른 카드 없으세요?

16 오늘 환율은 ___입니다.

17 만일 달러를 원하신다면 총 금액에 3% 커미션이 있습니다.

18 성함(영문), 여권번호, 입국일자를 기입해 주세요.

19 영수증과 여권이 필요합니다.

20 환전 시 영수증을 받아주세요.

21 칩스는 테이블에서 직접 사십시오.

22 테이블에서 얼마를 환전하셨습니까?

23 지폐도 사용 가능합니다.

24 칩스를 먼저 바꾸신 후에, 환전하여 주십시오.

25 은행에서 바꾸어 주십시오.

26 어제 영수증으로는 오늘 홍콩달러와 인민폐를 바꿀 수 없고, 달러로밖에 바꿀 수 없습니다.

27 교환권(쿠폰)은 테이블에서 바꾸세요.

28 수표를 사용하시려면 여권을 보여주셔야 합니다.

29 나중에 다시 조회하세요.

30 지금은 은행에서 조회 서비스를 하지 않기 때문에, 수표를 바꿔드리지 못합니다. 은행 업무 시작 시간에 바꾸실 수 있습니다. 잠시 후에 다시 오세요.

31 한빛은행 카드를 제외한 타 카드는 오전 9시부터 오후 10시까지 이용할 수 있습니다.

32 사진이 있는 신분증을 제시하여 주십시오.

33 카드로는 홍콩달러와 인민폐는 불가능합니다.

34 달러와 원화만 가능합니다.

35 US달러로 000는 한국 돈 000입니다.

36 (인민폐로 바꾼) 한국 돈으로 인민폐(홍콩달러)를 재환할 경우 당일에만 가능합니다. 다음날부터는 달러로만 바꿀 수 있습니다.

37 세어 보십시오.

주요 단어

A

Accept : 허용하다
Assign : 배정하다
Arrange : …을 배열하다
Apologize : 사과하다
Assistance : 도움
Additional : 부가된
Authentication page : 인증 페이지
Absolutely : 완전히
Approximately : 대략
Appreciate : …을 감사하다
Adjust : 조정하다
Appointment : 약속
Accompany : 동행하다
Assist : 도와주다
Arrive : 도착하다.
Afraid : ~을 두려워하여
Available : 이용할 수 있는
Allow : 허용하다
Against : 반대하여
Avoid : 피하다
Aisle seat : 통로 쪽 좌석
Annoy 화나다

B

Boarding pass : 탑승권
Bill : 계산서
Bottom : 아래 부분
Banquet : 연회
Blood : 피
Budget : 예산
Baggage : 여행용 가방
Beverage : 음료, 마실 것
Black tea : 홍차
Bet : (돈을) 걸다

C

Chip : 칩
Congratulation : 축하
Clockwise. : 시계 방향
Certainly : 틀림없는
Complex : 합성의
Completely : 완전히
Craving : 열망
Comfortable : 안락한
Correct : 올바른
Cabin Crew : 승무원
Check-in : 체크인
Check-out : 체크아웃
Comparing : 비교하다
Confirm : 확인하다
Cheap : 값싼
Connection : 접속

D

Deliver : 배달하다
Destination : 목적지
Deposit : 보증금
Detail : 세부
Department : 부서
Document : 서류
Do not disturb : 방해하지 말아주세요
Draw : 비긴 것으로 하다
Determined : 단호한

E

Expensive : 비싼
E : Ticket : 인터넷 티켓
Elderly : 연세가 있는 어른들
Extra charge : 추가 요금
Extend : 시간을 늘리다
Extremely : 아주
Especially : 특히
Employee : 종업원
Entrance : 입구
Expect : 기대하다
Enough : 충분한
Expire : 기한이 다 되다.
Extension telephone : 내선 전화
Even : 짝수
Exchange booth : 환전소

F

Foreign : 외국인
Filthy : 불결한
Fantastic : 굉장히 좋은
Fill : 채우다
Facing : 직면하다

G

Guest : 손님
Guarantee : 보증
Government : 정부
Ginseng tea : 인삼차
Gruel : 죽
Guaranty : 보증

H

Horizontally : 수평의
Hold on : 기다려주세요
How about : ~은 어때?

I

Identification : 증명
In order to : 위하여
Include : ~을 포함하다
Inspection sheet : 검사 성적서
Immediately : 당장
Inquire : 문의하다
Introduce : 소개하다
Initial : 처음의
Insurance : 보험
Immigration : 출입국 관리

J

Jewelry : 보석류

L

Laptop : 노트북
Lobby : 로비
Look forward to ~ing : ~을 학수고대하다
Lovely : 사랑스러운
Luggage : 여행용 가방

M

My pleasure : 도움이 되어서 저도 기뻐요
Miscalculate : 계산 착오
Mistake : 실수
Method : 방법

O

Outside : 바깥쪽
Organize : 계획(준비)하다
Overcharge : 금액을 많이 첨부하다
Opposite : 반대쪽의
Order : 주문
Operator : 전화 교환수
Odd : 홀수
Original : 최초의

P

Payout : 돈을 지급 받다
Palm : 손바닥
Portion : 인분
Prepaid telephone card : (전화를 걸 수 있는) 선불카드
Process : 과정
Passport : 여권
Provide : 제공하다
Prepare : …의 준비를 하다
Problem : 문제
Public transportation : 대중교통
Payment : 지불
Possible : 가능한
Policy : 방침
Perfect : 완벽한
Passport : 여권
Prefer : ~을 더 선호하다
Price : 가격
Pregnant : 임신한
Purpose : 목적

R

Rule : 규칙
Reasonable price : 적정 가격
Reception : 환영회
Reserved : 예약되어 있는
Receipt : 영수증
Remove : …을 제거하다
Register : 기재 사항
Reservation : 예약

S

Space : 장소
Settle : …을 확정하다
Shuttle : 정기 왕복 교통 기관
Safety : 안전
Specialize : 전문으로 하다
Slipper : 슬리퍼
Spicy : 매운
Steamed vegetable : 데친 야채
Sesame : 참깨
Suggest : 제안하다
Several : 각각의
Swimsuit : 수영복
Search : 조사하다
Single : 하나뿐인, 1인용
Shortly : 바로
Stuff : 소지품
Sleeveless : 소매가 없는
Signature : 서명
Storage : 보관소
Sold out. : 매진
Satisfy : 만족시키다
Separately : 갈라져, 분리하여

T

Travel Agency : 여행사
Travel quotation : 여행 견적서
Transportation : 교통수단
Thick : 두꺼운
Toilet : 화장실
Trash : 휴지

U

Understand : 이해하다
Unfortunately : 불행하게도

V

Visit : 방문하다
Vacation : 방학
Vending machine : 자판기

W

Wheel : 바퀴
Window seat : 창가 쪽 자석
Wonderful : 굉장히 좋은
Wireless : 무선
Wallet : 지갑

Y

Yield : 양도하다

저자 소개

강덕윤

- 제주관광대학교 호텔경영과 교수
- 대구대학교 대학원 관광경영학 박사
- 제주특별자치도 호텔등급심사위원
- 제주특별자치도 공영관광지 운영평가위원

고동완

- 제주관광대학교 카지노경영과 교수
- 사단법인 한국카지노업관광협회 자문위원
- 제주대학교대학원 관광경영과 박사과정 수료
- ㈜유니콘 제주하얏트카지노 총괄이사 역임

이정욱

- 제주관광대학교 호텔경영과 교수
- NorthWood University – Business Administration Hotel, Restaurant, Resort Management (BBA)
- University of Derby – International Hospitality Management (MA)
- Euroad Travel Agency – Manager 역임

Hotel and Casino 기본 회화

2014년 2월 10일 초판 1쇄 인쇄
2014년 2월 15일 초판 1쇄 발행

저 자 강 덕 윤 / 고 동 완 / 이 정 욱
발행인 진 욱 상 · 진 성 원

저자와의 합의하에 인지첩부 생략

발행처 백산출판사
서울시 성북구 정릉로 157(백산빌딩 4층)
등 록 : 1974. 1. 9. 제 1-72호
전 화 : 914-1621, 917-6240
FAX : 912-4438
http://www.ibaeksan.kr
editbsp@naver.com

값 13,000원
ISBN 978-89-6183-849-8